アルケー

2018

関西哲学会年報

共同討議／カントをめぐって

「物自体」とア・プリオリ——冨田恭彦氏のカント批判によせて

千葉清史

『カント哲学の奇妙な歪み』（冨田 2017：以下、『歪み』と略記）の基調をなすのは次のような診断である：『純粋理性批判』は、カント自身の公式表明に反し、むしろ当時の科学的知見を用いている。この点で、カントが実際に行っている考察は、むしろクワイン流の「自然主義」と軌を一にする。にもかかわらず、カント自身は、自らの哲学がもっぱらア・プリオリな根拠に基づく必当然的な哲学である、と公言している。この齟齬が、『純粋理性批判』の各部に軋轢を生み出し、さまざまな「歪み」を生じさせている。

こうした批判に対し、実のところ私は基本的に同意する。特に、『純粋理性批判』における判断表ならびに諸「原則」が、当時の自然科学の成果に実質的に導かれている（『歪み』第4章、第5章）という点に関して、私に異存はない。（むしろ今日、この点でなおカントをあえて擁護しようとするカント研究者は、皆無とは言わないにせよ、極めて少数派であろう。）また、私は、カントの必当然的な哲学への志向、とりわけ、科学の ein für allemal な——ひとたび行われれば永続的に妥当するであろうような——基礎づけ、というカントの理想が実現可能なものであるとは考えていない。

冨田氏と私の相違は、カントの諸考察ならびに「カント的」な哲学に対する態度に存する。冨田氏は、カントの諸考察のうちの齟齬と、その哲学史的背景を明らかにすることに主眼を置いている。確かにカントの諸著作には——『純粋理性批判』の内部においてすら——俄かに整合的には理解できないような叙述が見いだされる。そうした齟齬はカント自身が述べていることに由来するものであるから、それを指摘すること自体は不当なことではない。またその齟齬は、カントの《非自然主義的で必当然的な哲学》への志向、という、伝統的にはまさにカント哲学の主要な特質とされてきたものに関わるだけに、そうした齟齬の指摘はカント研究にとって有意義ですらある。

しかし、冨田氏の解釈は、齟齬の指摘を重視するあまり、カントに対しいささかチャリティーに欠けるものになっているように私には思われる。カント哲学に好意的な解釈者であれば、カントの矛盾した叙述から、いくつかの分離可能な思考の道筋を捉え、それらを整合的に理解・発展させることを試みるであろう。本発表第一節において、私はそうした試みを、『歪み』第1章、第2章において展開される、物自体とカント的「観念論」に対する冨田氏の批判的解釈に対して行う。

とはいえ、初めに述べられた『歪み』の基本主張までをも私は否定するわけではない。すると問題となるのは、『純粋理性批判』が完全にア・プリオリな考察に基づくものではないとすれば、カントは何をしたことになるのか？ということである。私は第二節で、冨田氏の否定的評価から一歩進み、脱ア・プリオリ主義的な解釈方針のもとでは、カント哲学はどのように理解されることになるのか、ということについての私見を述べる。

第一節　物自体とカント的「観念論」をめぐる問題

『歪み』第1章、第2章における冨田氏の中心的主張は次のように総括できる：経験的対象を「表象」ないし「現象」と捉える、という点において、カントはデカルトやロック以来の「観念」語法をある仕方で継承している。とりわけロックは、当時の自然科学で有力であった粒子仮説に促され、二次性質は物がそれ自体であるあり方ではない、という洞察から、一次性質のみを持つ「物そのもの」を仮説的に想定し、それに対して、二次性質をも持つ、我々に直接経験される対象を「（実体の複合）観念」として捉えた。「物そのもの」の存在を否定するバークリすら、ロックの図式を基本的には受け継ぎ、経験的対象は「観念」である、と主張するにあたり、外的対象が持っていると通常我々が信じているさまざまな規定を使用する。それに対しカントは、ロックと同様、当時の自然科学的知見に依拠することで経験的対象を「現象」ないし「表象」としつつも——それ以外にどのようにしてこうした区別がなされ得るかは不可解だ、と冨田氏は考える（例えば『歪み』17-18頁を参照）——、それに対比される「物自体」を認識不可能なものとする。

冨田氏の診断によれば、カントのこうした立場は、まず、経験的対象を「表象」と捉えることにおいて、自然科学由来の仮説的知見を実際には用いつつも、「表象」がそれとの対比で意味をなすところの「物自体」の内実を認識的には空虚なものとすることにより、当の仮説的知見を掘り崩す、という「歪んだ」構造を持っていることになる。これは、カントの「仮説嫌い」と結びついて、自然科学的知見に依拠しつつその由来を隠蔽する、という別種の「歪み」をもたらす。また、この「歪み」は、カント的「観念論」体系のうちに無視できない問題を生み出すことになる。まず、物自体を不可知なものとしながらその存在を容認することにまつわる、古典的問題がそれである（同23頁）。また、これに関連して、カント哲学は、感覚器官について語る余地をも失うことになる（同24-25頁）。

冨田氏は、ロック的あるいは科学的知見の枠組みなしに現象と物自体のカント的枠組みは理解できないし、また、その枠組みを用いているならば、現象に対比される物自体を存在しかつ不可知なものとすることは辻褄が合わない、と批判している。従って、この冨田氏の批判に応答するためには、次のことが示されればよい：カントの思考遍歴はどうであれ、「現象」と「物自体」のカント的区別は、『純粋理性批判』という一応完成された体系の内部では、整合的に理解され得る。しかもその際、特に科学的知見を前提する必要はない。——私は以下で、件の区別がどのように理解されるのか、そしてそれとともに、物自体の存在措定ならびに不可知化がどのようになされるのかを説明する。さらに、これに基づいて、カント的体系において、感覚器官を語る余地を確保する方策について述べる。

私は以下で、「現象」と「物自体」のカント的区別についての二つの解釈——「二側面解釈」と「二世界解釈」——を紹介する。両者は、互いに相容れない二通りの思考の筋道を代表する。どちらもテクスト的裏づけを持ち、また、哲学的にさらに発展させられるに値する。私自身が『純粋理性批判』にとってよりよい解釈と考えているのは後者であるが、件の区別の理解可能性が疑いに付されている当面の文脈においては、前者に触れることにも意味がある。二つの解釈の相違に関して、私はすでにChiba 2012以来繰り返し論じてきたので[1]、ここでは当面の問題に関連する限りのことのみを述べるに留めたい。

まずは二側面解釈から始めよう。これは、特に「超越論的感性論」において強く示唆されている[2]。そこでカントは、次のような常識的な想定から始めているように見える：我々が空間的対象として認識している物は、我々の認識から独立に存在する。

カントは、ロックと同様、この想定に留まってはいないが、その離反の仕方は異なる。カントにとって「物自体」と「現象」の区別の中心的論拠となるのは、時空の超越論的観念性である。これにより、もし存在するならば我々の認識から独立に存在している物の、少なくとも空間・時間的あり方——

その中には当然、一次性質も含まれる――は、我々の認識から独立に存在している物がそれ自体であるあり方ではなく、それが感性形式を通じて我々に現象してくる限りでのあり方とされることになる。

さて、にもかかわらず、我々が経験しているその当の物は、我々の認識から独立に――当然、我々の感性形式からも独立に――存在している、と想定されていたのであった。そうであるならば、この物は、それが我々に現象してくる限りのあり方の他に、それ自体の何らかのあり方を持つはずだろう。(我々の認識から独立に存在しているものが、それ自体ではいかなるあり方も持たない、というのは不合理だから。)この、(我々の経験から独立に存在している)物がそれ自体で持つあり方が「物自体」と呼ばれる。

さて、この解釈図式においては、「物自体」は――この語が示唆するのとは異なり――いかなる個物を指すものでもない。カント解釈史において伝統的に「物自体」と呼ばれてきたものは、より正確には、我々の認識から独立に存在する物がそれ自体で持つあり方として理解されることになる。従ってこの図式においては、「物自体」と言われるよりは物の「自体的側面」とでも呼ばれた方が適切であろう。それに対応して、「現象」もまた、正確には、それ自体として存在する物から切り離されて心の中にあるような「表象」なのではなく、(それ自体では我々の経験から独立に存在している)物が我々に現象してくる限りにおけるあり方――いわば、物の「現象的側面」――とされることになる。

物自体の――より正確には、物の自体的側面の――不可知性については、次のように説明される：何であれ、現実的に存在する物について認識するためには、我々は経験的直観を必要とする。さて、時空が我々の直観形式であることより、我々が現実的なものについて何を認識し得ようとも、それによって認識されるのは物の時空的あり方、すなわち、その現象的側面にすぎない。物のそれ自体でのあり方について我々が得る情報源は存在しない。よって、物の自体的側面は認識不可能である[4]。

以上が、二側面解釈に基づく「現象」と「物自体」の区別ならびに後者の存在措定と不可知化の説明である。ここで、以上の議論が、全く無前提に行われているわけではない、ということは指摘されるべきである。とりわけ重要なものは次の三つである：(a)時空的対象として我々が認識しているものは(もしそれが実際に存在しているならば)我々の認識から独立に存在する、という想定、(b)現実的なものについて我々が何かを認識するためには経験的直観を必要とする、という想定、(c)時空の超越論的観念性。

前二者に関しては、これらを「仮説的想定」と言うならばそうなのかもしれない（カントはこれらの想定のための特別な論拠を挙げてはいない）。しかしこれらは、相当程度に無害な想定であり、それほどの問題はない（と二側面解釈者ならば言うだろう）。いずれにせよ、それらは、何か特別な自然科学的知見に依拠しているわけではない。

時空の超越論的観念性に関しては、その論証に関して確かに様々な問題がある。しかしながら、「超越論的感性論」におけるその論証を見る限り、それは、取り立てて自然科学的知見——特に、冨田氏が考えるような、《物そのものは我々が認識するあり方とは異なる》という自然科学的仮説——に依拠しているわけではない。論証の成否はともかくとして、現象と物自体のカント的区別ならびに物自体の存在・不可知性は、当時の自然科学とは独立に完全に理解可能である。

さて、以上の解釈には、例えば次のような解釈上の問題が指摘できる：

(1)それによれば、物の自体的側面に関して、実のところ多くのことが知られるようになってしまうように思われる。例えば、私の前に赤いペンケースと青いペンケースがあるならば、そのようなものとして現象する、それ自体で存在する二つの物が存在する、と言いうることになろう。ここでは、少なくとも数多性のカテゴリーが物のそれ自体におけるあり方に対して適用されてしまうように思われる。これは、伝統的に、現象と物自体の「対応」ないし「同型性」の問題として知られてきたものである。

(2)もう一つは、悪名高き触発の問題である。私はこの赤いペンケースをどうやって知覚するのか？ それから触発を受けることによってではないのか？ 触発の原因となるのは、このペンケースとしての現象の基礎にある、それ自体で存在する物であろう。とすれば、因果性のカテゴリーが、物の自体的側面に適用されてしまうことになるように思われる。

二側面解釈者は、どちらの問題も回避可能だと考えるが(5)、そうした方策をここで紹介することは控えよう。当面の文脈でより重要なことは、上述の問題は、以下に紹介される「二世界解釈」への移行を促す、ということである。

二世界解釈では、現象として我々に認識される個々の物が、そのように個別化されたものとしてそれ自体で存在する、ということが否定される。（従って、現象と物自体との対応とともに、二側面解釈では前提にされていた、《我々が認識する当の物が我々の認識から独立に存在する》という想定は否定されることになる。）その結果、時空的対象すなわち現象は、我々の認識に依存して存在する物、例えば表象、志向的対象、あるいは感覚からの論理的構成物、等々とされることになる。それに対し、我々の認識・表象から独立に存在する物が「物自体」とされることになる。（この解釈図式は、こうして、個々の現象と個々の物自体を数的に異なるものと捉えるので、「二対象解釈」とでも呼ばれた方が適切であろうが、カント研究史においては通常「二世界解釈」と呼ばれてきた。）

さて、先の二側面解釈とは異なり、この解釈図式においては物自体の存在は自明ではない。場合によっては、表象のみが存在し、認識から独立に存在する物は存在しない、という可能性は少なくとも概念的には排除されないからである。そこでこの図式では、物自体の存在をあえて想定する理由を挙げる必要が出てくる。その理由として挙げられるのが触発である。現象と物自体の一対一対応の想定を控え、従って、ある現象的個物の認識のための感性的与件を与えるものはその現象的個物に対応する個別の物自体であるという考えを拒否しつつも、我々の経験的認識のための質料を与える何ものかは存在しなければならない、と考えられるのである。

しかし、これでもまた、物自体に対して因果性概念が適用されてしまうのではないだろうか？この問題の解決をカント自身は与えなかった。しかしながら、カント的枠組みに整合的に、この問題を解決することは可能である。その詳細を私はかつて千葉2015で論じたので、ここではその要点のみを述べよう。

論拠となるのは、経験的認識における非自発性の契機――これは、カントの「受容性」という考えに含意されている――である。ここで、「非自発性」ということで、《認識主観とは異なるある物が、認識主観であるところの物に因果的影響を与える》というほどのことを考えないことが重要である。必要なのは、《経験的認識において我々は自発性のみを用いて済ませるわけにはいかず、我々の自発性によらない質料が与えられる必要がある》ということのみである。さて、この、《自発性によらない質料が我々に与えられる》という要件から、次のことが推論できる：このような質料が我々に与えられる、という過程は、我々の認識に依存しない過程である（カントによれば、認識は、受容性と自発性の共働によって成り立つものであるから）。しかしながら、我々の認識に依存せずに存在するような過程とは、先の規定によれば、物自体的過程に他ならない。――この物自体的過程とは、普通想定されるように、時空的ではないが何らかの「物」が我々に因果的影響を与える、ということなのかもしれないし、何か一つの「世界自体」のようなものが我々に因果的影響を与える、ということなのかもしれないし、ひょっとしたら、そこには何らの物的な裏づけもなく、我々に一定の与件が与えられる「秩序」のようなものが存在する、というようなことなのかもしれない。しかしながら、このことがカントの議論に影響を与えるとは考え難い。というのも、物自体はもともと、認識不可能なものなのだから。

　ここでは、ある物がある物に因果的影響を与える、ということが結論されているわけではない。結論されることはただ、経験的認識の非自発性を裏付けるものとして、「物自体的」と呼び得る何らかの過程が存在する、ということだけである。――こうして、我々の感性的与件を与える物自体の存在が、因果性概念の適用なしに認められることになる。

　今までの議論を評価してみよう。以上の議論も前提なしではない。とりわけ重要なものは、経験的認識において我々には非自発性の契機が必要である、ということである。これがある意味で「仮説的想定」だと言うのならばそうなのかもしれない。（これのもととなる、経験的認識における受容性の必要性を、カントは取り立てて証明しているわけではない。）しかしながら、これは極めて問題が少ない仮説であり、これを基礎にすること自体に特別な問題があるとは思われない（これについては次節で論じる）。また、特にこの点に関して、自然科学的知見が用いられている、と言われるべき理由もない。

　以上の考察により、現象と物自体のカント的区別ならびに物自体の存在の想定が、特に自然科学の知見を用いることなく、少なくとも整合的に理解され得ることが示された。残された問題は、感覚器官を語る余地の問題である。カント自身はこの問題について多くを語っていないとはいえ、カント体系において感覚器官を正当に位置づけることは不可能ではない。この問題を十分に扱うためには、実のところかなり詳細な考察が必要となる。ここではその要点のみを素描することにしよう。

　少なくとも基本的着想に関しては、二側面解釈においても二世界解釈においても変わらない。それは次のものである：両者ともに、感性的与件を我々に与える過程は、物自体レベルのものであることになる。そして、感覚器官を含む、経験的に認識される（常識的な意味での）触発の過程は、こうした物自体レベルにおける触発過程が時空的に現象してきたもの、とみなされる（Sellars 1968, Willaschek 2001 を参照）。

　これは、Adickes 1929 に由来する悪名高き二重触発説とは異なる。二重触発説では、物自体による超越論的触発と、現象それ自体による経験的触発が別個の触発過程として想定される。それに対し、上で提示された着想では、我々に感性的質料を与える過程として想定されるものは一種類のみであり、それは物自体レベルのものである。いわゆる「経験的触発」は、正当な意味では何ら触発ではなく、真の意味での触発過程の現象に過ぎない。

　さて、この図式では、感覚器官ないし経験的に認識される触発過程について語る余地が認められるだけではなく、さらに、経験的過程を操作することによって、触発過程そのものを操作する、ということもまた言えるようになる。例えば我々は、眼鏡を使うことによって、目に入る光を、物がよく見えるような仕方で操作する。現象をそのように変化させることを通じて我々は、その基礎にある物自体的過程を変化させるのだ。しかし我々は、物自体のレベルで具体的にはどのような変化を生じさせたのかを認識し得ないし、また、眼鏡によって物をよく見えるようにするために、そのようなことを知る必要はない。哲学的文脈に踏み込まない限り、我々は、触発の現象について語ることのみで満足し得る。

さて、このように想定されるからといって、再び、物自体に因果性の概念が適用されるわけではない。とりわけ、私が支持する二世界解釈では、経験的に認識される触発過程の現象の基礎にある何らかの物自体的過程が因果関係である、という想定は全く行われない。それは、《物体に反射した光が認識主観の目を刺激し……》といった現象を生ぜしめる何らかの物自体的過程が存在する、ということ以上のことを要求することはないからである。

以上の着想を具体的に展開するためには、かなり詳細な考察が必要となる。ここでは、その展開を提示する余裕はない。しかしながら、少なくとも、カント体系に整合的な仕方では感覚器官について語る余地は全くない、という批判が持つ一見したところの説得力をそぐ、という目的のためには十分であろうと思われる。

第二節　脱ア・プリオリ主義的なカント解釈のために

以上で示されたように、物自体の想定とカント的「観念論」は、『純粋理性批判』の枠内で整合的に理解できる。少なくともそれは、冨田氏が示唆するような、不可解あるいは不合理なものとして理解されなければならないわけではない。

しかしながら、カント哲学はもっぱらア・プリオリな考察から成り立っているのではない、という、『歪み』における冨田氏の基本主張の説得性までもが揺らぐわけではない。さて、この点を認めるならば、カント主義者には二通りの可能性があるように思われる。

一つは、カント自身の考察における非ア・プリオリ的な要素を排除し、ア・プリオリに妥当なもののみをより分け、それを補強ないし発展させる、というやり方である。――私自身は、この方策にはあまり見込みがないと考えている。以下で触れるが、カントの考察のうちで純粋にア・プリオリであるものが何であるか不明であるし、また、仮にそのようなものがあったとしても、そうした倹約的な基盤のみによって明らかにできることは少ないだろうと思われるからである。(6)

私が採りたいと考えている道は、《ア・プリオリな考察のみに基づく必当然的な哲学／諸学のア・プリオリな基礎づけ》という理想を放棄した上で、カント自身の諸考察を再解釈ないし発展させていく、という方策である。——しかしながら、この理想は、カント自身の哲学を導く根本的な意図に属するものではないか？ この理想を放棄した上で、カント哲学に何が残るというのか？ こう考える人がいても尤もであろう。

この点に関し、私は楽観的である。まず、当然のことであるが、《諸学のア・プリオリな基礎づけ》という文脈から切り離しても、それ自体で意義深いカントの個別の考察は多くある。（例を挙げれば、直観と概念の区別、「超越論的演繹」における判断と自己意識の関係についての理論、「誤謬推理論」における自我論、さらには、いわゆる「超越論的論証」として一九六〇年以来話題となってきた論証形式、といったものは、件の理想を共有しないものにとっても興味深いものであり得るだろう。）さらに、私自身は、カントが仕上げた、広範囲な話題に及ぶ詳細な「観念論」的体系——それは、単に直接知覚可能な対象に対してのみならず、科学論や数学、さらには自由や倫理にまでわたる——のうちに、「実在論論争」という伝統的な哲学的主題を考える上で有意義な手掛かりが見いだされるのではないか、と考えている。——こうした観点から、カントの諸考察がどの程度有意義なものとなされ得るのか、ということは、個別の研究によって立証されるべきことである。

とはいえ、カントの諸考察をこうした観点から再解釈しようとするなら、次の問いが生じるだろう：カント自身の自己理解とは異なり、『純粋理性批判』が純粋にア・プリオリな考察に基づいているわけではないと考えるなら、カントは何をしたことになるのか？ カント批判が目的なのではなく、ある意味で「カント的」なるものを引き継いでいきたい、と考える（私のような）カント主義者にとって、この問いは避けて通れないものである。

私が考えるところでは、カントが実際に行ったのは次のようなことである：(1)極めて尤もらしいと思われるいくつかの基礎的見解を取り出し、それを用いて、(2)我々が信じていることがらのうち重要なものの、なるべく多くを妥当せしめるような、整合的で統一的な説明を作り上げること。

(2)に関しても言及すべきことはあるが、脱ア・プリオリ主義的なカント解釈にとってより重要なことは(1)であるので、ここではこれについてのみ触れることにする。

カントが特別な論証なく用いている前提は、『純粋理性批判』においていくつか見いだされる。私は前節ですでに、現象と物自体の区別を行う際にカントが依拠していたであろう前提のいくつかを述べた。それは例えば、《空間的対象は、もしそれが存在するならば、我々の認識から独立に存在する》《現実的なものを認識する際には、我々は直観を必要とする》《我々の経験的認識には、非自発性の契機が不可欠である》といったものである。これらは、それ自体極めて尤もらしい想定である。しかし、これらは「ア・プリオリ」というステータスを持ち得るのだろうか？

　これに応えることは非常に難しい。これらはある意味ア・プリオリと言えるのかもしれないし、そうではないのかもしれない。とはいえ、私が考えるところ、これに結論を下す必要はない。これらは非常に尤もらしく、これにあえて反対する者がいるとすれば、立証責任はむしろ反対者の側にある、と言い得るほどのものである[7]。これらに反対する特別な理由が提示されるのでない限り、我々はこれらのことを前提にして進むことができる。

　哲学的前提に対するこうした態度は全くカント的ではない、と考える人もいるかもしれない。こうした印象を弱めるために、ここで、カントのア・プリオリな考察の典型例とみなされるであろう、「超越論的感性論」の「空間概念の形而上学的究明」における、我々の空間表象のア・プリオリ性についてのカントの論証を見てみることにしよう。

　ここでカントが論拠として持ち出すのは、次の二つの前提である：(1)ある物を我々の外にあるものとして、あるいは、諸物を空間的関係において表象し得るためには、「空間の表象がすでに根底に存しているのでなければならない」(『純粋理性批判』A23/B38)。(2)「人は、空間中にはいかなる対象も見出されないということを十分考えることができるが、いかなる空間も存在しない、という表象を作ることは決してできない」（同 A24/B38f.）。

　さて、これらの前提はそれ自体正しいのか、あるいは、それらを認めたところで、それから空間表象のア・プリオリ性が本当に導出されるのか、ということについては議論がある(cf. e.g. Allison 2004, pp. 99-108)。ここで私が問題としたいのはしかし、これらの前提や論証の正しさではなく、前提そのものの認識論的ステータスである。これは単に、カント個人が空間をどのように表象したのか、ということの報告ではない。当然のことながらこれは、少なくとも人間的認識主観によって、普遍的に同意されるべきこととして持ち出されている。さて、こうした普遍的同意を要求できるとカントが考えたのはなぜなのか[9]？

　このことを、カントが統計調査のようなことを行って立証したわけではもちろんない。しかし、少なくともこれらの前提は、「空間」という語からの論理的帰結として知られるものでもない。また、ここでカントは、空間を考える際に皆が共通に表象するような「空間そのもの」とでもいうようなものを直観し、それをもとに、われわれ人間は空間をそのようなものとして表象しなければならない、と主張しているわけでもない。（この後で導かれる《空間は人間的認識主観に内在する直観形式である》という帰結からすれば、皆が共通に認識する公共的個体としての「空間そのもの」のようなものをカントは想定し得ない。）

事実はこうであろう：カントはここで、自分らと周りの人たちの反応の中で作られてきた自分自身の空間理解の核心部と思われるものを取り出し、皆の同意が当然得られるものとして、これを前提にしたのだ。すなわちカントにとって、このことは、証明の必要もなく、皆が当然同意するであろうものとして提示されている。

さて、これだけで、件の前提が経験的仮説だ、という帰結が出てくるわけではない。しかし、それらがア・プリオリと呼び得るものであるかも怪しい。「根底に存する」空間ということでカントが想定しているものがユークリッド的なものであることを考えれば、この疑念はますます強まる。――私は、この想定がア・プリオリか経験的か、ということに決着をつけようとは思わない。いや、むしろ、決着をつけることに意味はない、と考えている。この想定がア・プリオリであり、人間的認識主観全てに妥当する、ということを論証する必要はないのだ。これらが、かえって反対者に立証責任を負わせることができる程度に非常に尤もらしい、ということがあれば、それで十分である。

そして、このように考えられるならば、カントが挙げた件の前提は、ともかくも尤もらしい。これらの前提に対し、批判を加えることはもちろん可能である。しかしその際、批判者側がなし得ることは、カントの議論の内在的批判（内的矛盾や論証の不十分さの指摘）以外には、やはり、その批判者が空間について理解することのうちで、極めて尤もらしいと思われることを、それが皆に妥当する、との期待のもとで持ちだすよりほかはあるまい。

さて、さしあたり極めて尤もらしいと思われることを前提にして哲学的議論を組み上げる、ということの別の例として、私はここで、いったんカントから離れ、ア・プリオリな学の典型であると思われる論理学を例にとることにしよう。

述語論理の標準的な体系に対する、ストローソンの前提理論による批判を考えていただきたい。そのための論拠としてストローソンが持ち出すものの一つは、標準的論理は論理についての我々の直感的理解に反する、ということである。(9) 論理学が、単に設定された公理や意味論から論理的帰結を導出するだけのものではなく、まさにカントが考えたように、ある種の「思考の形式」を明らかにすべきものであるならば、適切な論理学の構築のためには、こうした我々の「論理的直感」とでも呼ばれるべきようなものに訴えなければならない場面はしばしば出てくる。

さて、このような論理的直感は、ア・プリオリなのだろうか、それとも経験的なのだろうか？それは、人間的思考に元々内在している、という意味でア・プリオリなのかもしれない。しかし、その保証はない。――その「論理的直感」を尊重に値しないと考える人は存在し得ないか、そうした人が仮にいたとしても、彼が間違っていることを示すことができる合理的理由が存在する、と想定するそれ自体ア・プリオリに確立された理由があるかは定かではない。――しかしながら、その論理的直感がア・プリオリであると強弁する必要もあるまい。ある原理が、我々が同意を要求できる限りで、充分に尤もらしい（そして、それに反対する特別な理由があえて提示されるのでない）ならば、それを基礎として論理学を構築することに何の問題があるのか？　いや、何か他にやりようがあるというのだろうか？　論理学はア・プリオリでなければならず、そのために用いられるどんな論拠であろうが、まずはそのア・プリオリ性が示されなければならない、などと要求するのは、論理学者の実践に無用な枷をはめることになるだけであろう。

論理学がそのようなものであれば、哲学が同様であってならない理由はないと思われる。もちろん、カント哲学をこのように理解することで、失われるものもある。少なくとも、学のein für allemalな基礎づけ、ということを期待することはできなくなる。人が目下極めて尤もらしいと考える確信は、その基礎的なものですらも、歴史的に変化するかもしれないし、あるいは、個々の哲学者が、皆に尊重されるべき、我々の根本的確信の核を正しく同定できてはいなかった、ということが後にわかるかもしれない。もっとひどいことに、人間に共通に想定されるような、斉一的な基本的枠組みなど存在しないのかもしれない。

とはいえ、目下極めて尤もらしいと思われる前提に基づいて哲学を始めることに意味はある。少なくとも、そうした諸前提に基づいて、現実についての体系的理解を得る、ということは一応のところなされ得る。そして、哲学にそれ以上のことを期待するのは、過剰な要求ではないだろうか？――私としては、哲学にはそれ以外の方法はない、などと（それこそア・プリオリに）主張するつもりはない。完全にア・プリオリな哲学が実現可能であるならば、それがどのようなものになるのか、是非見てみたいものだ、と思っている。

いずれにせよ、次のことは確かである。少なくともカントは、完全にア・プリオリな哲学の実現に成功しているわけではない。そして、そうであるとしても、カントの考察の全てが無価値になるわけではない。ア・プリオリな哲学、という理想に拘束されなければ、我々はもっと開かれた立場から、自由に、カントの分析や考察の実りを受け入れ、有意義なものとして検討することができるようになるであろう。[10]

参照文献

Adickes, Erich 1929: *Kants Lehre von der doppelten Affektion unseres Ich als Schlüssel zu seiner Erkenntnistheorie*, J. C. Mohr.

Allison, Henry E. 2004: *Kant's Transcendental Idealism: An Interpretation and Defense* (Revised & Enlarged Edition), Yale University Press.

BonJour, Laurence 1998, *In Defense of Pure Reason*, Cambridge University Press.

Casullo, Albert 2003, *A Priori Justification*, Oxford University Press.

Chiba Kiyoshi 2012, *Kants Ontologie der raumzeitlichen Wirklichkeit*, Walter de Gruyter.

千葉清史 2014, 「二世界解釈と二側面解釈：そもそも何が問題だったのか?」, 『近世哲学研究』第18号, 1-35.

―― 2015, 「「物自体は存在するか」という伝統的な問題の解決によせて」, 『山形大学大学院社会文化システム研究科紀要』第12号, 15-26.

Sellars, Wilfrid: 1968: *Science and Metaphysics*, London, Routledge.

Strawson, Peter F. 1952: *Introduction to Logical Theory*, Methuen.

冨田恭彦 2017, 『カント哲学の奇妙な歪み：純粋理性批判を読む』, 岩波書店.

Willaschek, Marcus 2001: „Affektion und Kontingenz in Kants transzendentalem Idealismus“, in Schumacher, Ralph (hrsg.): *Idealismus als Theorie der Repräsentation?*, mentis, 211-31.

Wood, Allen 2005: *Kant*, Blackwell.

註

（1） 二側面解釈と二世界解釈の違いならびに他の解釈可能性についての考察として最も詳細なものは、千葉 2014 である。物自体については千葉 2015 を参照。

（2） 他にも、《現象と物自体は一つの物の二つの側面である》ないし《現象として認識されるちょうど同じものが、それ自体として存在する》ということを示唆するカントの表現は、この解釈のテクスト的証拠となる。詳細に関しては、Chiba 2012, pp. 225-277 を参照。

（3） 『純粋理性批判』, A19/B33 を参照。

（4） これは、物自体の不可知性のためのカントの論証の枠組みのスケッチでしかない。詳細については、Chiba 2012, pp. 365-367 を参照。

（5） Cf. e.g. Willaschek 2001, Allison 2004, ch. 3 and Wood 2005, ch. 4.

（6） ア・プリオリな哲学的考察の可能性は全くない、と私が考えているわけではない。注目すべき潮流として、今日の分析認識論における「経験的に阻却され得る（empirically defeasible）ア・プリオリ」の構想（cf. BonJour 1998, Casullo 2003）が挙げられる。しかしながら、こうしたア・プリオリ概念の精密化・改良が仮に進められたにしても、それは、ア・プリオリな認識が経験的に阻却され得る、ということを認めるがゆえに、《科学の ein für allemal な基礎づけ》というカント的理想を実現することはできないし、また、それによって基礎づけられることはごく限定されたものとなろうから、カント自身の哲学がもつ包括性を維持することはいずれにせよ不可能となろう。

（7） 私は前節で、カント体系のうちで第一の前提を疑う理由について触れた。このように、さしあたり尤もらしい前提を疑ったり、否定したりすることはもちろん可能である。

（8） この問いは、特にカントにとっては重要なものであるはずである。というのも、カント自身は、別種の感性的直観様式というものが少なくともあり得る、という可能性を認めているからだ。そうであるならば、こと人間的認識主観が皆、カントが考えているような仕方で空間を表象するのか、ということは、本来であれば当然問われるべき問いとなる。

(9) 例えば、標準的述語論理では、「彼の部屋にある全ての本はイギリスの著者によるものである」は、言及された部屋に本が一冊もない時、トリヴィアルに真となる。ストローソンは、こうした帰結は受け入れがたいと考える (Strawson 1952, p. 164)。

(10) 本研究は、JPPS科研費17K02186の助成を受けたものである。

チャリティーの果てに――お答えと敷衍＊

冨田恭彦

「完成された体系」なるものを、歴史的文脈を考慮せずに理解できるのか

まずは拙著『カント哲学の奇妙な歪み』〔岩波現代全書、二〇一七年〕を丁寧にお読みくださり批判を試みてくださった千葉清史氏に、心より感謝したい。

さて、千葉氏が、

冨田氏の解釈は、齟齬の指摘を重視するあまり、カントに対し、いささかチャリティーに欠けるものになっているように私には思われる〔本誌二ページ〕

と言われるので、まず、そのチャリティーについて、一言申し上げたい。

一般に、ある哲学者に異を唱えるときには、誰かの受け売りでなければ、いわゆる「好意の原則」（principle of charity）におのずと従って、可能な限り整合的にその思想を理解しようと試みた上で、その結論として否定的な評価を下すこととなる。先に否定的な視点を設定して、その上で揚げ足取りをしようとした結果であるような杜撰なものであっては、まったく意味がない（こうした杜撰な異議申し立ては、カントの言に従ってロックやバークリを否定的に評価する人々によく見られる）。その意味で、私のカントの否定的理解も、いささか大仰に言えば、カントに対する「豊饒な」チャリティーの果てに出てきた結果であることを、まずはご理解いただければ幸いである。

また、千葉氏は、発表原稿の二ページ末尾から三ページのはじめのところ〔本誌三ページ〕で、次のように言う。

冨田氏の批判に応答するためには、次のことが示されればよい。カントの思考遍歴はどうであれ、「現象」と「物自

体」のカント的区別は、『純粋理性批判』という一応完成された体系の内部では、整合的に理解され得る。しかもその際、特に科学的知見を前提する必要はない。

これについても一言申し上げる。当該哲学者の思想を理解しようとするとき、その思想の内的整合性と、それがその一部をなす歴史的経緯（ないし歴史的文脈）とを分離して、歴史的経緯とは関わりなく内的整合性の確保が可能であるということは、少なくともカントの場合には言えない（私の知る限りほとんどの哲学者についてそうである）。なぜなら、拙著で論じた『純粋理性批判』の超越論的観念論の論述の中で、あるいはそれと密接に関わる彼の書き物（例えば『プロレゴーメナ』や「ゲッティンゲン批評」への反論等）において、彼が自説を展開するとき、自身の思想を際立たせるため、重要な対比の対象としてロックやヒュームや、ときにはライプニッツやバークリに言及していることからすれば、そうした他の哲学者の思想の考察や、それとカントの思想との連関の、批判的検討を抜きにして、カントの「内在的理解」といった類いのものを進めることは、ありえないことだからである。例えば、ロックやヒュームが何を言っているかは知らないが少なくともカントはこうだ、とは言えないということである。それは単に研究者の準備がまだそれなりに調ってはいないということにすぎず、容易でないことは百も承知で、その作業に地味に取り組む姿勢がなければ、いささか具合が悪いのではないかと私は思う。

この第二の論点は、カントの超越論的観念論の内実を確認する場合に、例えば、カント自身が繰り返し言及する「あの有名なロック」の思想を引き合いに出すことなくカントはこうだと主張することに、基本的な問題があることを意味する。

一例を挙げよう。カントはロックについて、次のように言う。

> しかしながら、あらゆる認識についてそうなのだが、これらの概念〔空間・時間の概念と、純粋知性概念〕についても、われわれは、それらの可能性の原理ではないものの、それらの産出の機会因（Gelegenheitsursache）を、経験の中に探し求めることができる。その場合、感官の印象が最初のきっかけとなって、これらの概念に関して全認識力が発動し、経験が成立する。経験は、きわめて異質な二つの要素を含む。感官が与える認識の素材〔質料〕と、純粋な直観の働きと純粋な思考の働きという内的源泉が与える、素材を秩序づけるなんらかの形式〔形相〕である。純粋な直観の働きと純粋な思考の働きは、前者〔感官が与える認識の素材〕を機会として、はじめて活動を開始し、概念を

生み出す。われわれの認識力が最初に行う、個々の知覚から一般概念へと登っていく努力をそのように探ることは、間違いなく大いに役立つことであり、われわれは、それへの道をはじめて開いたあの有名なロックに感謝しなければならない。しかし、アプリオリな純粋概念の演繹は、そうしたやり方ではけっして成就しない。というのも、純粋概念の演繹は、まったくのところ、この道には存しないからである。

この箇所では、感官の印象を機会もしくは機会因として、「純粋な直観の働きと純粋な思考の働き」が、「はじめて活動を開始し」、「概念〔ここでは空間・時間の概念と、純粋知性概念〕を生み出す」と言われている。この基本的概念の生成について、カントは『純粋理性批判』の別の箇所で、次のように言う。

　われわれは、もろもろの純粋概念を追って人間知性の中にあるその最初の胚芽（Keim）と素質（Anlage）へと至るであろう。それらはその胚芽と素質の中で準備されており、ついには経験を機会として徐々に発現し、当の知性によってそれらに付着する経験的諸条件から解き放たれ、そのあるがままをさらけ出すことになる。

こうなると、われわれは、カントが自らの見解をロックと比較しながら述べていることが何を意味するかを検討しなければならなくなるばかりか、さらにカントの「胚芽」や「素質」の用法を、彼の別の書き物にまで目を向けて追わなければならなくなる。こうして、すでに少なからぬカント研究者がしているように、カントが関心を持っていた当時の発生学ないしは発生学史について研究を進めなければならないし、他方あとで言及するように、それとの関係においてカントがすべての概念を「獲得されたもの」と主張するのに行き当たれば、当然のことながら、カントが意識していたロックの生得原理・生得観念否定説とカントの生得表象否定説とがどのように関わるのかを見なければ、カントの真意は曖昧なままとなる。

　ほぼ、一事が万事そうなのであって、カントが肯定的にも否定的にも当然視していた、彼が理解していた時代の歴史的文脈や歴史的枠組みを復元する努力をその都度可能な限りしなければ、カントの真意を掴んだとは言いがたい状況にわれわれは置かれるのである。

　千葉氏は先に引用した原稿三ページのはじめのところ〔本誌三ページ〕で「カントの思考遍歴はどうであれ」という言い方でそうした努力を一蹴し、その上で、「『純粋理性批判』という一応完成された体系」という言い方をしている。だが、その「体系」なるものをわれわれが理解しようとするとき、実にさまざまな歴史的事情や、カントの他の書き物が構成する可塑的文脈をわれわれは深く考慮しなければならず、その詳細をより立ち入った仕方で知ろうとすれば、われわれはむしろ問題の増殖にしばしば直面する。のちほどその一部を敷衍して説明するように、今日でもカントの超越論的観念論を整合的に理解するのを困難にする問題がいくつもある状況で、いったいいかなる意味で千葉氏は「一応完成された体系」なるものを理解しておられるのか。

そうした事情から、まず千葉氏に伺わなければならないのは、本来ならば、少なくとも私が拙著第1章と第2章で論じた歴史的視点からのカント批判について、その一つ一つの論点に千葉氏自身がどう答えられるかであろう。

しかしながら、ここでは、時間の制約のため、もっとストレートに、千葉氏がこの度提示してくださった一つ目の議論に対して、反論を試みるところから始めたいと思う。

前提の中のトロイの木馬

千葉氏は私に対する批判の前半部で、「二側面解釈」と「二世界解釈」の二つの解釈の要点を解説するとともに、「二側面解釈」と、千葉氏が擁護する「二世界解釈」のいずれにおいても、そこには私が言うような自然科学的見解と言いうるものは特に認めることができないと言う。したがって、現象と物自体をめぐるカントの見解は、自然科学的見地に拠ることなく、整合的なものとして理解可能だとする。

しかし、千葉氏によるそうした私への批判には、少なくとも三つの、互いに連接する大きな問題が認められる。

まず、私が『歪み』の第1章、第2章で論じたことが何であったかを、思い起こしていただきたい。私は、千葉氏がご発表の前半部で試みられたような、カントの「体系」なるものの内的整合性の確認を試みたわけではない。私はカントの現象と物自体の区別を前提とした上で、その区別を含むカントの体系の整合的理解を試みたのではなく、まさにその当の区別がどのようにして成立したと考えられるかを論じ、そこに近代における原子論復活と表裏をなす西洋近代観念説の論理の、歪みの実例を見ようとしているのである。しかし、千葉氏はその当の現象と物自体の区別の、そうした導入過程の具体的究明を、「体系」なるものの整合性や理解可能性とは関わりのないものとして考慮せず、もっぱら、「体系」なるものの内的整合性に特化した議論をしているのであるから、そこに私が言うような自然科学的見地や自然科学の影響が見出せないとしても、それはあまりにも当然のことである。千葉氏は私の説を批判されようとしながら、実はそれとは別の話題を論じているのである。

千葉氏の議論の第二の問題点は、（結局は同じことになるのだが、）物自体の存在を認める議論としてそれを見た場合、論点先取的であると言わざるをえないことにある。千葉氏は、「二側面解釈」を解説されるとき、話を「空間の超越論的観念性」から始める。もとより、千葉氏の話は、もし「空間の超越論的観念性」という「前提」を認めるとすれば、物自体の存在を認めるのは当然であるという方向に進む。しかし、このような議論の仕方は、その「前提」において「観念性」の理解（「観念性」とは何かということの理解）がすでに自明視されているという点で、根本的に問題がある。「観念性」とは、〈「実在物」とか「物そのもの」とか、単に「物体」とか言われるもののなんらかのあり方のことではなく、デカルトの近代的用法における'idea'（観念）というある種の内的なものに属する〉ということである。したがって、「観念性」という概念を前提として話を始めることは、ある種の内と外の区別を（それと明示されているいないにかかわらず）受け入れることを意味する。ある種の内的なものを認めれば、そこから早晩なんらかの外的なものが容認されることになるとしても、それは最初に暗黙裡に受け入れられていたものが、単に明示化されただけである。千葉氏のように最初から「空間の超越論的観念性」を前提として議論（ないし説明）を開始するのであれば、それは本来私が問題にしていた〈そうした内と外の区別がどうして導入されることになるのか〉という問題は問われることなく、千葉氏の前提の中に封じ込められ、結果的に無視されてしまう。したがって、先の第一の問題点と同じことになるのだが、千葉氏が試みた私への批判においては、またしても、その主題が正面から取り上げられることはない。したがって、千葉氏が発表の前半部で試みたカントの内的整合性がいかにして確保されるかという議論の中に、私が言うような科学史上の動向との連関が認められないではないかと言われても、私が問題にしていることが不問に付されている以上、「それはそうかもしれませんけど」と申し上げる以外にはない。

第三に、千葉氏は原稿の三ページ半ば〔本誌三ページ〕で、

カントは、次のような常識的な想定から始めているように見える。我々が空間的対象として認識している物は、我々の認識から独立に存在する。

として、カントが「常識的な想定」を議論の出発点としていると言う。確かに、〈「空間的対象」が存在するとすれば、それは「我々の認識から独立に存在する」〉というのは、至極常識的なことに見える。実際、われわれの知識の対象はわれわれの知識とは独立に存在するという考えは、例えば、古代ギリシャ以来の「真理の対応説」的見解の伝統においては、

その内実の核をなすものであった。「私たちが何を知るかとは関係なく、物は独立自存していますよね。」というのは、まさに常識的なことのように見える。しかし、近代的観念語法を導入したデカルトにおける、あるいはそれを継承したロックにおける、実在物と観念の区別は、そのような常識的なものではなかった。このことは、『歪み』での議論も含めて、これまで私が何度も論じてきたことである。カントの「物自体」と「触発」と心の中に生じる「表象」という三項関係においてもそうなのだが、そこで一番問題になってきたのは、〈われわれが、日常、「物」の性質だと思っているものは、実は心的な、あるいは内的ななにかである〉と考えたほうがいいと思われる、単なる常識的ではない（多くが科学史に属する）理由があるということであった。もっと具体的な言い方をすれば、〈今見えている目の前の紙の色は、紙という物そのものの性質ではなく、なんらかの仕方で心の中に現れているもの（デカルトはこれを他の内的なものと一緒にして「観念」と呼んだのだが）と考えたほうがいいと思われる（今日では「科学的」と言いうる）理由がある〉ということであった。ここでは、漠然とした「われわれの認識」とその「対象」といったようなものが問題になっていたわけではなく、今感じられている色や形を、常識的に「物」そのものの性質として捉えるか、それともある常識を超えた理由から、それをなんらかの内的なものとして捉えるかが、問題になっていたのである。

千葉氏のように、漠然と「われわれの認識」と「空間的対象」という言い方をして、後者は前者とは独立だと言い、それをカントは出発点としたと言えば、いかにもカントは、自然科学とは関係のない「常識」的な前提から議論を始めたかに見えるが、カントがその流れに属した西洋近代観念説（表象説）が扱っているのは、千葉氏の言うような漠然とした常識的見解を前提とした話題ではないのである。

こうした事情から、私としては、感覚器官の話以降の千葉氏の議論についての応答は、今は割愛させていただき、以下では、「空間の超越論的観念性」に関わる二つの話題を取り上げ、拙著『歪み』の議論の補完を試みたいと思う。

胚芽生得説と人類学主義

先ほど、感覚を機会として、感性や知性に備わっている基礎概念の「胚芽」や「素質」が発現するという考えを、カントが示していることに言及した。カントのこの見解は、生得観念を否定したロックの論点を念頭に置きながら、ロックの批判を極力浴びないような形で感性の純粋形式としての空間と時間、それに一二個の純粋知性概念がアプリオリにわれわれの心に備わっていることを納得させようとするものであった。カントが「胚芽」や「素質」をどのように考えているかの一端は、一七九〇年の『純粋理性の新たな批判がすべて古い批判によって無用となるという発見について』にその手がかりを見ることができる。

『批判』は、天賦の表象（anerschaffene Vorstellungen）や生得表象（angeborne Vorstellungen）をけっして認めない。『批判』は、あらゆる表象を、それが直観に属するものであろうと知性概念に属するものであろうと、すべて獲得されたもの（erworben）とみなす。しかしまた、〔自然法学者が言うような〕原始取得（ursprüngliche Erwerbung）というものがあり、したがってまた、以前にはまだまったく存在せず、それゆえこの〔取得〕行為以前にはいかなるものにも属することのなかったものを取得するということがある。『批判』が主張するように、そうしたものとしては、まず空間と時間における物の形式があり、第二に、概念における多様なものの総合的統一がある。

そして、さらに続けて、次のように言う。

というのも、われわれの認識能力は、両者〔空間と時間における物の形式と、概念における多様なものの総合的統一〕のいずれをも、対象自体そのものにおいて与えられたものとして対象から取ってくるのではなく、それらを自身そのものからアプリオリに実現するからである。しかし、右の諸表象が他のようにでなくそのようなものとして生じ、その上いまだ与えられていない客観に適用されることを可能にするそのための基礎（Grund）は、主観の内になければならず、この基礎は少なくとも生得的（angeboren）である。

『純粋理性批判』の「胚芽」や「素質」という言葉に代えて、ここでは「基礎」という言葉が用いられているが、この「基礎」と、「胚芽」や「素質」との関係は、一七七〇年代のカントの書き物で確認することができる。そして、空間や時間といった形式、それに「総合的統一」の仕方としての純粋知性概念をそのようなものとして生じさせる「基礎」について、カントはこれを「生得的である」と言うのである。

先述のように、カントのこうした語法については、カントの発生学への関心との関係において、すでに興味深い論考がある。問題は、カントがこのような仕方でロック的生得説批判を避けようとして展開するいわば「胚芽生得説」ないし「素質生得説」について、それが空間・時間および純粋知性概念のアプリオリ性を擁護することにつながるかどうかである。

カントは、空間について、それが人間にとってのものの見方であるとする発言を行っている。彼は次のように言う。

> われわれは、人間の立場からのみ、空間〔……〕について語ることができる。〔……〕というのも、他の思考する存在者の直観については、われわれの直観を制限し、われわれにとって普遍的に妥当しているのと同じ条件にそれが拘束されているかどうかを、われわれはまったく判断することができないからである。

カントは、この文言によって、空間が直観の形式であることは、われわれ人間について言えることであって、他の種類の主観においてもそうであるかどうかはわからないということを示唆する。カントの発生学的視点およびこうした具体的な発言からして、カントが基礎概念のアプリオリ性を保証しかつロック流の批判を避けるために用いた「胚芽」や「素質」や「基礎」といった語彙の使用は、かえって、のちのフッサールが（カントに対してではないものの）批判した人類学主義（Anthropologismus）的な特徴を示唆することになったと私は思う。言うまでもなく、カントが基礎概念のアプリオリ性を指摘するのは、経験は必然性を教えないとカントが確信していたからであり、必然性を確保するには当該基礎概念をアプリオリなものとしなければならないと彼が信じたからである。しかし、結局それが、他の存在者はともかく、とりわけ人間について言えることだということになれば、そのアプリオリ性と、それと連動するはずの必然性は、大きく後退したものとなる。というのも、そうなるとそれは人間に関するある特殊な「事実」を確認するものでしかなく、また、人間にとって「アプリオリ」と言われるものが、他の存在者にとってはアプリオリではないかもしれないということを、含意するからである。

空間の観念性と幾何学の成立の奇妙な関係

いくつもあるカントの問題点のうちから、千葉氏の議論との関係で、もう一つ、「空間の超越論的観念性」に関するカントの議論を取り上げておきたい。

今、議論の便宜上、『純粋理性批判』の第一版に拠ることにすると、彼の議論は五つの項目に分けて進められている。第一の項目の全文は、次のとおりである。

> 一、空間は、外的経験から引き出された経験的概念ではない。というのも、あるもろもろの感覚が私の外にあるなにかに（つまり、私がいる空間の場所とは異なる場所にあるなにかに）関係づけられるためには、なおまた、私がそれらの感覚を互いの外にあり、したがって単に異なっているだけでなく異なる場所にあるものとして表象することがで

きるためには、空間の表象がすでに根底になければならないからである。したがって、空間の表象は、外的現象のもろもろの関係から経験を通して借用されたものではありえず、この外的経験はそれ自身が上記の〔空間の〕表象によってのみはじめて可能となるのである。

「空間は、外的経験から引き出された経験的概念ではない」とするここでのカントの論が十分なものでないことは、縷々論じるまでもない。彼は、「あるもろもろの感覚」が外的なものとして知覚されたり互いに異なる場所にあるものとして表象されたりするためには、「空間の表象がすでに根底になければならない」と言うのみである。確かに、さまざまなものが空間的に位置づけられるには、空間がなければならないのは当然である。だが、だからといって、空間が「外的経験から引き出された経験的概念ではない」とせざるをえないわけではない。一般に、Aが可能であるためにはBがなければならないということから、Bが経験から得られたものではないということは帰結しないのである。

外的な空間的秩序が成り立つためにはそもそも空間がなければならないという、思考対象間の論理的関係の把握が妥当であるとしても、それと、空間が経験的概念であるという認識論的テーゼが、まったくの補助的議論のないまま矛盾対当関係をなすとは考えられない。現にロックは空間の観念を外的経験から引き出された経験的観念と考えた。だが、仮にロックの見解が正しくないとしても、ロックが論理的に矛盾した発言をなしたと考える人はいない。感覚とともに空間も経験的に与えられると考えることの不可能性を論証するには、カントのこの項目における議論はあまりに弱い。

カントの二つ目の議論は次のとおりである。

二、空間は、あらゆる外的直観の根底にあるアプリオリな必然的表象である。空間の中にいかなる対象も見出せないということは十分に考えられるとしても、空間がないということは、けっして表象することができない。したがって、空間は、現象の可能性の条件〔現象が可能であるための条件〕とみなされるのであって、現象に依存する規定とはみなされず、必然的な仕方で外的現象の根底に存する、アプリオリな表象である。

カントのこの二つ目の議論も、必要以上にシンプルである。ここでは、空間の表象が「アプリオリ」であると同時に「必然的」であると言われている。「アプリオリ」とは経験に依存しないということであるが、そのことはすでに第一の項目で言われたことである。そして、ここでは、「空間がないということは、けっして表象することができない」と言う。だからカントは空間概念（空間の表象）は「必然的」だと言うのである。

ここでも、カントの論は脆弱である。まず、彼の使用する「表象する」という言葉の意味の曖昧さの問題がある。カントはこれを少しも明確にしないまま、「空間がないということは、けっして表象することができない」と言う。数行で終わるはずのない議論を、彼は段落前半部のわずかな文からなる独断的発言によって終わらせる。

（「空間がないということは、けっして表象することができない」という発言の曖昧さは、その発言が、カントがいわゆる「モリニュー問題」やチェセルデンの報告を知っていたこととどのように整合するかという問題を考えれば、一目瞭然である。『純粋理性批判』の初期の批評者であるピストーリウスやフェーダーがこの点を指摘したのは、至極当然のことであった。）

ところで、同じ項目の後半部では、「空間がないということは、けっして表象することができない」ということから、「空間は、現象の可能性の条件とみなされる」と言う。空間が現象の可能性の条件であるということは、現象はすべからく空間的であるということを含意している。とすれば、現象は空間的であり、現象が空間的であるためにはそもそも空間がなければならず、したがって空間は現象の可能性の条件であるということが、一と二におけるカントの主張の核心部分をなすこととなる。この主張の出発点は、「現象が空間的である」というカントの確信である。その確信をカントはどのようにして得たのか。経験によってではないのか。もしそうでないのなら、彼はどこからその確信を得たのか。また、経験によってであるのなら、もう一度先の問題に戻るが、彼はいかにしてその経験的に確認された事実の根底にあるとする空間が、非経験的なものであるということを証明したのか。彼の論は一見もっともらしく見えるものの、少なくとも彼はその証明を行ってはいない。

さて、第三の項目は、次のとおりである。

三、このアプリオリな必然性に、すべての幾何学的原則の明証必然的確実性（apodiktische Gewißheit）とそれらのアプリオリな構成（Konstruktion）の可能性が依拠している。すなわち、空間のこの表象が一般的な外的経験から得られたアポステリオリに獲得された（erworben）概念であるとすれば、数学的規定の第一の諸原則は知覚〔によって知られるもの〕以外のなにものでもないであろう。したがって、それらは知覚の偶然性のすべてを持つことになり、二点をつなぐ直線は一つしかないということは必ずしも必然的ではなく、経験がそのことをそのようにいつも教える〔ということにすぎなくなる〕であろう。経験から借用されたものは、せいぜいのところ相対的な普遍性、すなわち帰納による普遍性しか持っていない。したがって、われわれが言えるのは、これまで観察した限りでは四つ以上の次元を持つ空間は〔まだ〕見出されてはいないということだけであろう。

一と二に見られる粗い議論も、この三においてその意図が明らかになる。カントが空間のアプリオリ性と必然性を一と二で強調したのは、「すべての幾何学的原則の明証必然的確実性とそれらのアプリオリな構成の可能性」を確保するためである。空間がアプリオリな必然的概念でないと困るのは、カントによれば、「空間のこの表象が一般的な外的経験から得られたアポステリオリに獲得された概念であるとすれば、数学的規定の第一の諸原則は知覚〔によって知られるもの〕以外のなにものでもない」ことになるからである。要するに、空間が外的経験から得られた概念であるなら、空間に関わる諸原則（「二点をつなぐ直線は一つしかない」や「空間は三次元しか持たない」）も外的経験によって得られたものでしかなく、たまたまそうなっていることがわかったという偶然的なものでしかないことになり、これでは数学の諸原則が持つ必然性を説明できないというわけである。こうして、カントは、空間がアプリオリで必然的なものでなければならないということをあらかじめ自明のこととしながら、一や二に見られる強引な論を組み立てていると考えられる。

しかし、そうなるとむしろ問題なのは、空間を内在化させることで、カントは所期の目的を果たしたと言えるかどうかである。この問題の一部をなす「人類学主義」の問題については、すでに述べたとおりである。そして、カントが行う概念の「構成」による純粋幾何学の成立可能性の説明において、空間の内在化が、ヴィトゲンシュタインの言う〈機械の他のどの部分ともつながっていない空回りする車輪〉の役割しか果たしていないことは、『歪み』第3章で論じたとおりである。空間を直観の形式と見なすことは、カントにとって、幾何学が自然界にあてはまることを保証する手立てであったとはいえ、空間を直観の形式とすること自体は、カントの考える純粋数学としての幾何学の成立とは直接的な関わりはない。なぜかと言えば、カントが幾何学に求める普遍性は、空間がアプリオリな純粋直観であることによるのではなく、空間中に概念を基に描かれた図形が、一般的なものとして扱われることにあったからである。

「構成」された図形から得られる認識の普遍性を保証しているのは、空間が直観の純粋形式であるということではなく、むしろ、概念に従って図形（像）を描く働きと、描かれた図形の特殊性を捨象する（度外視する）働きである。また、空間中に描かれた図形を一般的に扱うことが、そこから得られた認識の普遍性を保証するのであれば、それが産出的想像力によって描かれた心像であろうと、紙の上に描かれた図形であろうと、問題ではない。描かれた図形が持つ特殊化する性質が度外視される限り、その直観を基にして得られる認識は普遍性を持つことになる。つまり、「構成」と特殊性の度外視とをもとにしたカントの説明からすれば、純粋数学を保証するために空間を心の中に取り込んで、感性的直観のアプリオリな形式と見なければならない理由はない。反対に、空間をそのような形式と見ることが、カント的発想による純粋数学としての幾何学の成立の説明を支えているわけではない。

問題群からの結論

以上に挙げた問題は、まだカントにまつわる問題のごく一部でしかない。カントはヒュームの警告によって独断のまどろみから目覚めたと『プロレゴーメナ』で言い、それが多くの人々によって、独断論から批判哲学の立場への移行の大きなきっかけとなったと言われる。だが、ヒュームは、感覚や心像および感情などだけを「知覚」（デカルトやロックの言う「観念」）とする心像論的立場をとっており、その立場からすれば、因果関係の必須の要素である「必然的結合」が印象として見出せないのは、当然のことであった。カントはこの当然のことに過剰反応し、ヒュームが習慣という経験由来のものにその必然的結合のルーツを求めようとするのを忌避して、他の基礎概念とともに、それらをアプリオリに知性に備わっているとした。こうしたカントの方策が、彼の具体的な議論を見るにつけ、悪くすれば単なる人類学主義という、経験に基づく知見に還元されかねないことは、先に見たとおりである。

しかも、カントは、ロックやヒュームが因果関係の観念を（ヒュームの言う）「恒常的接続」の経験に由来するとしたのに対してそれをアプリオリなものと位置づけながら、「図式」論で明らかになるように、結局その観念（カントの場合には「概念」）の実際の適用の基準を同じ恒常的接続の経験に求めた。

さらにまた、カントは一二個の純粋知性概念を伝統的論理学の判断表から導出したかに見せながら、実は自身の意図に従ってそれを選択するという措置をとった。これについては、千葉氏の賛同をいただいているので、立ち入ることはしないが、それはともかく、その意図的選択においては、要するに、カント自身が、自身が理解する「経験」に合うように、それを選んだということである。カントが考える「経験」は、アリストテレス由来の quantitas extensiva と quantitas intensiva の区別――要するに「外延量」と「内包量」の区別――

が、重要な区別として機能するとともに、「質量保存の法則」、「慣性の法則」、「作用・反作用の法則」が当然のように成り立つものであった。カントはこれらの自然科学上重要な役割を果たすと彼が信じたものに対応する形で、（外延量に対応する）量のカテゴリー、（内包量に対応する）質のカテゴリーを定めるとともに、（「質量保存の法則」、「慣性の法則」、「作用・反作用の法則」に対応する）関係のカテゴリーの三つの項を定めた。このように、彼の経験理解に合うように選択されたカテゴリーについて、彼は「演繹」でその正当性を証明しようとしたが、これは、自身の理解する経験概念に合うものとして選んだ概念について、経験に照らしてそれが経験に合うかどうかを確かめるという、論点先取もしくは循環的な議論でしかなかった。

こうした点については、もし時間が許せば、のちほど論じることもできようと思うが、ともかく、『純粋理性批判』がすでにその基礎理論の部分においてこうしたいくつもの問題を抱えていることを、われわれは指摘せざるをえない。カントの良さが高いレベルで見直されるとすれば、こうした問題についての十分な考察がまずはその基盤になければならないと私は思う。

＊原稿の字数制限のため、大会当日（二〇一七年一〇月二一日）の配付原稿に付した三〇項目（英数字を含めて計九〇〇〇字強）にわたる注はすべて削除し、発表内容（配付原稿の本文）のみとした。

ワークショップ報告

これまでの哲学教育、これからの哲学教育

田中一孝・渡邉浩一

1　企画の趣旨

大学をとりまく状況の変化に伴って、「哲学教育」がおそまきながら日本の哲学研究者たちの共通の問題関心の対象となりつつあるように見受けられる。二〇〇〇年に日本哲学会および関西哲学会でそれぞれ行われたシンポジウム（「哲学教育について」）・共同討議（「大学教育における哲学の意義」）をかわきりに、今日では毎年のように各所で哲学教育をテーマとしたシンポジウム・ワークショップ・研究会が行われるようになっている。

しかし、それが制度としての哲学教育の維持・改善に向けた組織的取り組みにつながっているかといえば、必ずしもそうとはいえない。個々の教員レベルでの創意工夫を上回る速度で大学改革が進行し、哲学教育ひいては大学教育のあり方を考察することについて当の教員が受け身にならざるをえない場面もしばしば見られる。専門家集団としての哲学教員たちにとって、いまほど哲学教育についての認識を共有することが重要であったときはなかったかもしれない。

こうした問題意識のもと、主として日本の高等教育における哲学教育について振り返り、そしてこれからの哲学教育への展望を得ることを目的として本ワークショップは企画された。当日は記録的な悪天候であったが、長く組織レベルでの哲学教育の問題提起・実践に携わってきた宗像恵氏（京都産業大学）および浜渦辰二氏（大阪大学）と、いわゆるＦＤセンターに関わるなどして、教育制度や教育実践研究に携わった経験のある若手教員の田中一孝（桜美林大学）および渡邉浩一（大阪経済法科大学）が報告者となり、新旧それぞれの立場から実践報告および問題提起を行った。

2　報告の要旨

2-1　渡邉報告

渡邉は、日本語で書かれた哲学教育に関する先行研究およそ一五〇件のサーヴェイ（「書誌／哲学教育」[1]）をもとに、これまで哲学教育について議論されてきた事柄を概観し、そのうえで哲学教育に関する組織的取り組みに関する提言を行った。

報告者は現在、中小規模の私立大学の教養部に籍を置き、いわゆる一般教育としての哲学関連科目の授業を担当している。同じような立場にある多くの（とくに若手の）教員がそうであるように、各種の教育技法やＩＣＴ機器等、使えるものは何でも使って学生の興味関心を喚起することに腐心しており、一定程度、その手ごたえも得られている。ただし、担当科目の枠内にとどまらず学士課程全体を通じて息長く哲学教育を展開してゆくうえでは、スキル重視の大学改革動向や有期雇用教員比率の増大など、容易ならぬ問題が山積している。

こうした状況の中である程度たしかな展望をもって事にあたるべく先行研究の調査を行った結果、以下の点については相応に議論がなされてきていることがわかった。すなわち、①そもそも哲学教育とは何である（べき）かという問題（ジルソン一九五七、丸山・松尾ほか二〇〇一など）、②主に教養教育としての哲学教育の実践にあたっての工夫（柴田二〇〇〇-〇六、理想社一九八一、名古屋大学高等教育研究センター二〇一一など）、③対象別の哲学教育のあり方についての議論（浜渦二〇〇六、直江二〇一五など）、④諸外国の哲学教育の紹介（シュペネマン一九八五、宇藤一九七七など）については、新たに何事か論じようとする場合、参照すべき先行研究がそれなりにある（文献の詳細については上掲の書誌にあたられたい）。

またひるがえって、①学士課程全体を通じての哲学教育カリキュラムのあり方、②哲学教育において何を評価するのかという論点、③学会等の哲学教育研究を下支えするシステムについては、少なくとも後日広くアクセスしうるような形では議論の成果が残されていない。それぞれ今後さらなる研究が期待されるテーマであるように思われる。

以上を踏まえて、報告者は最後に、とくに哲学教育の維持・改善のための組織的取り組みとして次の三つの提案を行った。

一、学科・講座間での単位互換制度（あるいは地域内・国内留学制度）を設けてはどうか？

二、ベテラン会員を監修者、若手会員を実働部隊として、先行研究があまりなされていない諸外国の哲学教育について、基本文献の調査・翻訳プロジェクトを組織してはどうか？

三、若手教員養成のために、（研究大学のプレＦＤとは別に）学会として哲学教員養成のためのシステムを設けてはどうか？

2-2　宗像報告

宗像氏には二〇〇〇年から四年間にわたって開催され、氏が運営に深く関わった日本哲学会のワークショップ「哲学教育を考える」の背景と、そこでどのような知見が得られたのかを語っていただいた。

一九九一年の大学設置基準の大綱化以降、全国の大学で教養部が廃止・改組、また新しい学部が設置された。そうした新たな学部の設置は、現代社会のニーズに応じて行われたが、哲学教育も含めた従来の人文系の教育はこの動向に十分に対応できないように見えた。他方、大学組織の改変の過程で多くの哲学教員のポストが削減されていった。大学での哲学教育が滅びる危惧さえあった切迫的状況下で、宗像氏は二〇〇〇年に日本哲学会の共同討議「大学教育における哲学者の仕事」において、「近年の大学改革と哲学教師の仕事」という報告を行った。この報告を一つの方向性として開かれたのがワークショップ「哲学教育を考える」であり、宗像氏は毎年司会を務めた。学会で哲学教育が語られる際、しばしば理念的な議論に偏りがちだが、このワークショップは社会状況や教育政策を踏まえて具体的な提言を行うことを目指し、危機感を共有する非常に多くの人間が参加し、極めて熱心な議論が行われた。なおこの哲学教育のワークショップはテーマや担当者が変わりながら現在に至るまで続いている。

ワークショップでは今現在でも参考になる議論が提出され、宗像氏よりいくつかの事例が紹介された。まず、横山輝夫氏（南山大学）は哲学教育を生命や環境を扱う「現代的課題型」、講義や講読中心の「古典教養型」、工学倫理などの「専門基礎型」に分類した。また哲学を高校の現代文に活かす先駆的な提案を行っていた。山口義久氏（大阪府立大学）は哲学を時代順に教えることと、トピックごとに教えることを分け、自分で考えることの楽しさと困難を経験することの重要性を強調していた。また、村上勝三氏（東洋大学）は四年間の哲学教育のための教科書を自分たちで作成し、また哲学の検定試験によって学習の達成度を測定した。さらにフィールドスタディ形態を取り入れることや、講義録画などを利用した授業検討会も実践していた。山口信夫氏（岡山大学）は読解能力、表現能力、議論・討論力、批判能力など能力形成の観点から哲学教育を論じていた。飯田隆氏（慶應義塾大学）は哲学の教育はいたずらに現代的なニーズに合わせない方が良いと直截的に論じ、中岡成文氏（大阪大学）は臨床哲学の実践と課題を紹介した(2)。

最後に、日本哲学会での議論なども踏まえた、宗像氏自身の授業実践の工夫が紹介された。すなわち、学生自身の探究を促すようなトピック選択の重要性、双方向型の授業を大人数向けに行う工夫、さらに板書や配布資料の視認性、学期の中間・期末でのまとめ授業の導入、アカデミックライティングの指導や学生の討論を促す手法など話題は多岐に及んだ。

2-3　浜渦報告

浜渦氏にはこれまで携わってきた教育実践について、学士課程教育を中心に語っていただいた。

多彩な教育活動に携わっている浜渦氏だが、氏が学部・大学院で受けてきた教育は伝統的・古典的なものである。講義においては教員が一方向的に話して進め、演習では学生が哲学者のテクストの翻訳や要約の発表を行うものであり、氏もまた最初に着任した静岡大学の哲学の授業ではテクスト読解を中心とした伝統的な教育を行っていた。だが所属する人間学コースでは、人間学を掲げた科目も設置しており、そこでは必ずしも哲学のテクストに話題を限定せず「人間にとっての時間」、「人間にとっての空間」、「人間にとっての身体」というようなトピックにもとづき、物理学、生物学、心理学、社会学、文化人類学など他分野の知見を紹介しながら総合的に考える授業を行った。

こうした他分野との関係は研究にも波及し、理学部や工学部、農学部、情報学部の同僚たちと共同研究を行うことになる。精神科に携わる教員とも研究会も行ったが、それは「臨床と哲学の会」というものであった。さらに非常勤講師として勤務していた看護学校では、卒業して現場に立つ看護師と看護学生、そして教員を交え、ケアについての合同研究会を始めた。こうした研究は教育にも活かされ、三年次向けの共通教育において「ケアの人間学」という科目を開設し、教科書の作成にも携わった。

浜渦氏は大阪大学の倫理学・臨床哲学研究室に着任後、「ケアの臨床哲学」という講義を単独で担当し今年度はさらに倫理学講義「現象学・臨床哲学・倫理学」を担当している。両者とも文学部以外の学生が多く参加していることが特徴である。他の研究室スタッフと共同担当する科目として、「倫理学概論」では前半で倫理学史を扱う一方、後半では学生がローテーションで古典を取り上げて、自分がテクストをどう受けとめたのかという観点から報告したのち、ディスカッションが行われる（"p meets P"と呼んでいる）。学部生必修の「倫理学演習」は卒業論文作成のための演習でもあるが、古典的な哲学者が扱われることは少なく、ほぼ九割の学生が現代的なテーマを取り上げる。院生の修士論文・博士論文作成のためには、「臨床哲学演習」という科目が設置されている。「ひろば臨床哲学」は伝統的な哲学教育とはかなり性質が異なり、社会人の参加を受けいれて議論を行い、グループワークを通した発表会も行っている。さらに浜渦氏は参加学生がほとんど理系の「思考の世界」という参加・対話型の授業を担当し、ディスカッションでは臨床哲学の大学院生がティーチング・フェローとしてファシリテータ役を担う。

このように異なった世代や異分野も巻き込んだ教育は学生の準正課・正課外の活動にも影響しており、地域で「哲学カフェ」への参加・運営や、高校の総合学習や国語の授業、さらに浜渦氏が企画する公開市民シンポジウムに関心を持って関わる学生も少なくない。

2-4 田中報告

田中の報告は、哲学教育の意義を量的データにもとづきながら社会に伝えていく方法について提案するものであった。

高等教育においては学修の目標を立て、学生への教育の成果をエビデンスとともに提示することが求められ、こうした発想に対しては哲学分野に限らず多くの大学教員が抵抗を感じてきた。こうした抵抗感はラーニング・アウトカムという概念が早くから定着したアメリカでも同様で、全米哲学会はアウトカムベースで学生を評価していくことに対して危惧を表明している(3)。というのも哲学の学習成果は目に見えず、場合によっては長期的に作用するものであり、短期的な成果目標で測るべきではないからである。しかしながら、こうした哲学の教員の応答は、哲学を学んで社会に出ていく学生や、そういった学生を受け入れる雇用主、さらに学生の大学の選択に影響を与える保護者に対して説得力を持たないだろうし、哲学教育は彼らにとって謎めいたままであろう(その後全米哲学会は説明責任の観点から先のアウトカム・アセスメントについての声明を改訂し、むしろ学習成果に基づいた評価の意義を認める(4))。

米国では中小規模大学を中心に学修成果を策定しており、我が国でも二〇一六年に日本学術会議が「大学教育の分野別質保証のための参照基準：哲学分野」を公表し、その中で哲学の学習成果を示している。しかしそれらはいずれも少数の大学教員が中心に定めたものであり、また学生の実際の学習成果と対応しているか十分には検証されていない。

そこで田中と共同研究者はこれまでの哲学の学修成果がどう提案されてきたかを調査し、また大学教員・学生・卒業生・保護者・雇用主にインタビュー調査を行った。その結果、哲学を学習した学生に期待される知識・スキル・態度が三三項目析出された。その後関東・関西の複数の大学の学生を対象にその三三項目について、ウェブアンケートを実施した。因子分析の結果、「哲学的知識」「哲学的議論構築力」「哲学的態度」の三因子構造からなる、一五項目の「哲学的能力尺度」が作成された。

最後に田中はこの哲学的能力尺度を関西哲学会としてオーソライズすることを提案した。なぜならそれによって、（1）今後各大学の哲学科は学習目標を定めやすくなり、（2）学会としては量的データによって社会が納得しやすい形で哲学教育の意義を提示できる。さらに（3）学会レベルで哲学の学習成果を理解・共有することは非常に稀有なことであり、世界の哲学教育の議論を先導することにもつながるからである。

3　全体ディスカッション

四人の報告のあとにはフロアを交えてディスカッションが行われた。以下に論点を整理して記す。

（1）関西哲学会の役割：関西哲学会が組織としてどのように哲学教育を扱いサポートすべきかについて質問があった。これについて渡邉報告にあった提案に加え、哲学教育のリソースの共有・蓄積の必要性が強調された。さらに、アメリカの歴史分野で学生が減少し、教員ポストが削減された際、全米歴史学会が一丸となって歴史教育の重要性を発信し、学問分野を守ったという事例が紹介され、哲学系学会も同様の危機感を持って動くべきではないかという意見があった。

（2）哲学教育に特化した学会の設置について：大学で教育を担当する者と学会組織の構成員はそのまま重なることが多いので、既存の学会が教育について議論をすることのメリットは大きい。しかし、これまで学会は研究に特化して活動をしてきたことは事実であり、そこでワークショップや分科会をやってもあまり大きなインパクトを持ちえないかもしれない。そこで哲学教育に特化した学会を立ち上げた方が良いという意見があった。これに対しては、哲学教育の専門家が生まれ、ディシプリンが過度に細分化されるのではないかという懸念も示された。

（3）研究者の関心と学生の関心の乖離：学会発表で扱われる研究テーマと、大学院には進学しない多くの哲学科の学生の研究テーマが大きく異なっている点が問題点として指摘された。すなわち、研究者養成の教育と、哲学の裾野を広げるための教育が結びついておらず、そこに対処するような動きも大きく欠けている。これは哲学科が「尻すぼみ」になっている大きな要因ではないか。

（４）哲学的能力と汎用的能力の違い：哲学的な能力の多くは、より一般的に「学術的能力」とも言えるようなものであり、固有の能力として提示するのは困難ではないかという指摘があった。これに対して、哲学で当たり前とされている能力や態度の中で、実は他分野からすれば新鮮に映るものが沢山あり、哲学の専門家自身がそれに気づいていないのではないかという意見が提出された。哲学者が思う以上に実は哲学の教育には大きな強みがあり、それを言語化していく必要性があるのである。

註

（1）渡邉浩一（二〇一七）「書誌／哲学教育」『大阪経済法科大学論集』一一二、三七-五四。

（2）以上の報告者たちの所属はワークショップ当時のもの。

（3）American Philosophical Association（1995）, "APA Statement on Outcome Assessment", *Proceedings and Addresses of the American Philosophical Association*, 69(2): 94-95.

（4）American Philosophical Association, "Statement on Outcome Assessment", http://www.apaonline.org/? outcomes（Accessed 2018-01-30）.

ワークショップ報告

一元論の多様なる展開

企画担当者　雪本泰司

1. 企画の趣旨

このワークショップでは、ジョナサン・シャファー(Jonathan Schaffer)による論文“Monism: The Priority of the Whole”によって喚起された一元論に関する現代の分析哲学の議論を受けつつ、哲学の歴史のなかで見出されてきた(あるいは後付けでそう呼ばれてきた)様々な一元論的な主張について検討し直すことが試みられた。シャファーは一元論を独特の仕方で定式化して擁護すると同時に、その定式化こそ歴史上の一元論者達が主張していたものであり、従来の一元論への批判は誤解に基づいていたと主張した。彼のこの議論を受けて編まれた *Spinoza on Monism* という論集では、前半に分析哲学の一元論をめぐる議論、後半に一元論をめぐるスピノザに関する議論が収められている。しかし、前半と後半の議論は互いの参照もほとんどなく、両者がいかなる関係にあるのかが見えてこない。分析哲学を専門とする企画担当者とスピノザを専門とする立花達也(大阪大学)は、この論集について意見を交換していく過程で両者の違いの大きさを痛感し、その相違を理解するためには「一元論」概念の歴史的変遷を知る必要があると考えた。太田匡洋(京都大学)の研究により様々なことが明らかとなってきたが、まだまだ明らかにされるべきことは多い。そこでこのワークショップでこれまでの情報を共有し、専門の異なる参加者から意見をいただき、一元論について共に考えたいというのが趣旨である。

本ワークショップでは、現代の一元論が提示する基本的な枠組みについて雪本が紹介した。それに対して太田と立花が、それぞれ哲学史的な文脈から応答し、現代一元論が拠って立つ前提の批判的検討を試みた。また、当日の司会は小山虎(大阪大学、現・山口大学)に担当していただいた。

2. 報告者の提題要旨

2-1 雪本：シャファーによる現代の一元論

雪本の報告「一元論に関する現代の議論」では、分析形而上学において盛んに議論されている一元論の特徴とその擁護を確認した。シャファーによれば、分析哲学において一元論は誤解されており、無視されてきた。一元論を、具体的対象の数がひとつであると主張する立場（存在一元論（existence monism））と考えれば、机や椅子などの存在まで否定されてしまうので、とても維持できない。だが、これはスピノザや、一部の新ヘーゲル主義者を含む様々な哲学者が主張してきた（とシャファーが考える）一元論とは別の何かである。本来主張されていたのは、シャファーが優先性一元論（priority monism）と呼ぶ立場なのだという。シャファーは具体的対象を宇宙（cosmos）の真部分として定義する。彼は具体的対象の間には、何が何を基礎づけているのかという優先性関係が成り立つと主張し、それ自身は基礎づけられないような具体的対象のことを基礎的な具体的対象と呼ぶ。優先性一元論とは、基礎的な具体的対象の数がひとつであると主張する立場であり、机や椅子の存在は否定されない。このような穏健な立場として一元論を特徴づけることで、シャファーは一元論を擁護可能な立場として現代に復活させたのである。

シャファーの目的は、歴史的に主張されてきた一元論の正確な定式化の他に、それが現代の分析哲学において通用することを示すことにもある。そのように意図された優先性一元論の擁護は、かつての哲学者の議論の再構成ではない。だが例外として論文“The Internal Relatedness of All Things”において、一元論のための新ヘーゲル主義の論証の再構成を試みている。新ヘーゲル主義は、太田と立花の報告において重要な役割を果たす。そこで、本報告では主に、新ヘーゲル主義の議論のシャファーによる再構成としての、一元論の擁護を紹介した。

シャファーが再構成した論証は内的関係（internal relatedness）という考えに訴える。シャファーは、内的関係を次のように定義することで、内的関係の意味を多くの新ヘーゲル主義者たちが念頭に置いていたであろうものから、一元論の結論を出すのに最低限のものにまで弱める。すなわち、関係が内的であるのは、その関係に立つもの同士が様相的に自由に組み合わせることができないとき、そのときに限る。さて、すべてのものが内的に関係しているなら、一元論が正しいとしよう（シャファーの証明は割愛する）。一元論を導くためにはすべての関係が内的であり、その関係がすべてのものを関係させている必要はない。ある関係が内的であると主張する必要はない。ある関係が内的で、かつ、すべてのものを関係させていることを示していく。そのある関係の具体例とは、因果的本質主義を前提した因果関係、構造主義のsupersubstantivalismを前提した時空関係、対応者理論を前提した世界メイト関係である。これらの関係のうち、いずれかひとつでも内的ですべてのものを関係させられるならば、一元論が帰結する。

2-2　太田:「一元論」の概念史

太田の報告「19世紀のドイツ語圏・英語圏における『一元論(Monism)』の概念史」では、「一元論」という概念が、いかにして哲学史のうちに登場して、いかなる変遷を遂げてきたのかを、用例史の観点から整理することを試みた。とりわけ本報告では、本概念の黎明期から一九世紀の新ヘーゲル主義に至るまでの、本概念の歴史的変遷を確認した。以下では、そのアウトラインを概観する。

[ドイツ]「一元論」という概念は、一八世紀前半に、Christian Wolffによって、心身二元論の文脈において導入された。本概念は、「精神」と「物質」という二種類の実体のうち、片方だけを認める立場を指しており、両方を認める「二元論(Dualismus)」が、その対概念とされる。しかし一九世紀初頭になると、Wilhelm Gottlieb Tennemannが、シェリングの同一哲学を、この対概念によって説明したことで、本概念の文脈が拡張される。さらに一九世紀前半には、ヘーゲル主義者のCarl Friedrich Göschelが、ヘーゲル哲学の立場を象徴する概念として、「一元論」を用いたことで、特定の哲学の立場を積極的に表現するキーワードとして、本概念がドイツ語圏に定着する。また、この時期になると、汎神論や新プラトン主義、スピノザの哲学が、「一元論」という言葉によって特徴づけられる。

一九世紀中旬になると、「一元論」は、「多元論」の対概念へと変貌を遂げた。ヘルバルト(J. F. Herbart)の強い影響下にあったMoritz Wilhelm Drobischが、「ポストカントのモナドロジー」(F. Beiser)とも称されるヘルバルトの思想を整理する際に、「一元論」「二元論」「多元論」の三つの概念を並べて用いたうえで、ヘルバルトの思想を「多元論」として特徴づけたのである。これによって、「一元論」と「多元論」という新たな対立図式が成立し、ヘルバルトの弟子にあたるRudolf Hermann Lotzeや、Eduard von Hartmannなどによっても、この対立図式が用いられるようになる。それと並行して、Friedrich Albert Langeを機縁とするかたちで、科学と「一元論」の接続が図られるとともに、生物学者であるErnst Haeckelによる本概念の主題化を通じて、「一元論」概念の隆盛と用法の一般化が認められるようになる。なお、二〇世紀以降の本概念の隆盛については、今回の報告では割愛した。

［イギリス］英語圏では、一八三二年における、前述のTennemannを初めとしたドイツ語著作の英訳の流入によって、初めて「一元論（monism）」という概念がもたらされる。そして本概念は、William Hamiltonの一八六〇年の著作のなかで用いられることで、その使用が一般化する。ただしこの時点では、まだ「一元論」は「二元論」の対概念に留まる。

一八八〇年代になると、主にイギリスにおいて、前述のHartmannやHaeckelなどのドイツ語著作の英訳が流入するとともに、イギリス観念論（新ヘーゲル主義）の哲学者達によって、前述のLotzeの著作が相次いで英訳されることで、「一元論」と「多元論」の対立図式がもたらされる。これらの動向のもと、上述のイギリス観念論に属するDavid George RitschieやAlfred Edward Taylor、James Ward、さらにはLotzeの影響下にありイギリスでも著作が出版されていたアメリカのBorden Parker Bowneらが、「一元論」と「多元論」の対立図式のもとで論争を行うことで、この対立図式が定着するとともに、その射程が拡張される。

「一元論」を取り巻くこのような状況の中で、イギリス観念論を牽引していたブラッドリー（Francis Herbert Bradley）もまた、「一元論者」として認知されるようになる。彼は、一方では「一元論」に批判的な言及を行う反面、特に主著である*Appearance and Reality*（1893）においては、一元論的な思想的枠組みを、前面に押し出している。それゆえブラッドリーは、同じイギリス観念論者であるBernard BosanquetやJohn M. E. McTaggart、James Sethなどによって、「一元論者」として特徴づけられるようになる。やがて、ブラッドリーの同僚であり、彼の代弁者ともみなされていたハロルド・ジョアキム（Harold Joachim）が、自らの著書*The Nature of Truth*（1906）のなかで、スピノザ解釈を通じて、「一元論」というキーワードを前面に押し出しつつ、自らの思想を展開する。これによって、ブラッドリーは、「ブラッドリー＝イギリス観念論（新ヘーゲル主義）＝一元論」というステレオタイプのもとで認知されるに至り、過去の遺物として葬り去られた。

2-3　立花：イギリス観念論的なスピノザ解釈をめぐる錯綜

最後に立花が「最後にスピノザのものとされて残ったもの：イギリス観念論と分析哲学の対立を通して見るスピノザ」という提題のもとで報告を行った。シャファーによってスピノザはイギリス観念論の文脈において理解されるが、それは初期分析哲学によって葬られたとされる一元論を別の仕方で再評価することに関わっている。ところが、そこでキーとなると思われるジョアキムのスピノザ解釈をめぐっては思想の影響関係に錯綜が見られる。この報告ではそれを解きほぐすことが試みられた。

シャファーが優先性一元論者と見なす「歴史上の一元論者達」のなかにスピノザも含まれる根拠は、スピノザを「統合されたシステムとしての世界」というイギリス観念論的なアイデアの持ち主とする点に拠っている。つまりシャファーは、様態としての部分がすべて統合されたシステムとしての全宇宙すなわち実体が在り、反対にあらゆる部分はこの実体の部分としてのみ存在すると考えているのである。しかし、この解釈にはテクスト上の問題が多々ある。それでもシャファーは、現代ではほぼ見向きもされないジョアキムのスピノザ解釈を引き、自身の主張を補強する。

ここでイギリス観念論＝新ヘーゲル主義が召喚される理由は、この思想と初期分析哲学の関係にある。シャファーの筋書きによれば、ラッセルとムーアがイギリス観念論的な一元論を否定したことから分析哲学が勃興した。つまり、一元論は分析哲学の誕生と同時に死んだのである。これに対してシャファーは、彼らが批判しているのは存在一元論であり、スピノザを含めた多くの一元論者が実際に主張してきたのは優先性一元論なのだと主張する。彼は多元論と一元論の対立を、部分が基礎的か全体が基礎的かという対立へと転換させるのである。この戦略はラッセルらに対抗してイギリス観念論を再評価することにつながる。

だが当時の文脈を見ると、ラッセルだけに着目しても事情はかなり複雑である。ラッセルはスピノザの哲学を「論理的一元論」と名指しているのだが、これはジョアキムの真理論を批判するレビュー論文 "The Nature of Truth"（1906-7）においてもジョアキム＝ブラッドリーの真理論を示すレッテルとして用いられている。そしてさらに、ジョアキムが自らの真理論を提示した *The Nature of Truth*（1906）では、スピノザの哲学が大いに利用されているのである。ここからわかるのは、ラッセルはジョアキムのスピノザ解釈を通じてそのスピノザ観を得ているかもしれず、かつジョアキムの真理論についてのレビューであるにも関わらず批判の矛先をブラッドリーに向けているということだ。つまり、ジョアキムのスピノザ論は、ラッセルをしてブラッドリーを批判せしめると同時にイギリス観念論とスピノザを結びつける、いびつなジョイントとして機能した可能性がある。

実際にジョアキムの *A Study of the Ethics of Spinoza*（1901）に目を移せば、そこではたしかに「統合されたシステムとしての世界」と同様の考え方がスピノザに見出されている。また、留保付きであるが属性（実体）と様態の関係が全体と部分の関係と同一視される。だがさらに、その真理論においては彼は、我々が部分的な認識としての経験から出発するものの、それが位置づけられる文脈としての全体へと到達することでこの出発点の認識は消え去るのだとさえ述べている。彼によれば、スピノザの実体による諸様態の吸収は、そのなかにいかなる区別も分節もないほどに完全なのである。これはもはや存在多元的な主張ではない。この解釈は、のちにスピノザ研究者の Edwin Curley が *Spinoza's Metaphysics* (1969) においてエレア派の一元論と同一視して批判するもの、要はたった一つの存在者しか認めない存在一元論である。

おそらくシャファーは、イギリス観念論と分析哲学の対立において、前者に属する一元論的な見方を現代的に再評価することを思いつき、そのなかでスピノザも評価しようとしたのだろう。しかし、ジョアキムのスピノザ解釈はいびつなジョイントとなっており、かつその解釈自体はむしろ存在一元論を支持するものですらある。そのなかで「すべての部分が全体へと統一される」という考え方が残ってスピノザに帰されるに至り、かつシャファーはそれを肯定的に捉えたわけだが、それらはいずれもすれ違いに基づくのである。

3. 討議

討議を通じて立花は、基礎づけ関係（優先性関係）によって一元論を見直す観点がスピノザにも適用されたことの面白さを認めたうえで、様態と実体のあいだに部分全体関係を見出すことに違和感をもっていること、現代のスピノザ研究では様態の実在性や個別性が強調される傾向にあることなどを述べた。

この点に関し雪本は、立花はシャファーが部分と全体の対立を一元論に持ち込んでいることにこだわっているが、シャファーの定式において部分と全体という枠組みは一つのオプションにすぎず、取り去ることができると指摘した。これに対して立花はさらに、シャファーは具体的存在者を宇宙の真部分として定義しているが、ここから部分性を取り除くと一元論的な主張によって何が強調されているのかが明確でなくなるのではないかと疑念を示した。

また、今日の観点からみれば、二元論に対する一元論は主に心身論に関わるのに対して、多元論に対する一元論は存在者の数や多様性に関わるもので、両者は議論の水準が異なるように思われるが、後者が登場した時点ではこれらが同一の水準で論じられていたのだとしたら、それを強調することは意義のあることだろうとの指摘がなされた。

会場からは、「場の形而上学」と称される Jonathan Bennett のスピノザ解釈は、シャファーが supersubstantivalism と結びつけている一元論に近いのではないかという質問があった。これに対して雪本は、Bennett の解釈に従えばスピノザは存在一元論者と見なされるとシャファー自身が述べており、このことは彼自身の立場である優先性一元論と衝突するかもしれないと指摘した。優先性一元論の根拠は存在一元論を擁護する根拠としても用いることができるという事情があり、シャファー自身は存在一元論を排除する議論を十分に出せていないということが確認された。

紙幅の都合上、ここでは取り上げられなかった質問もあった。当日は悪天候で緊急速報が鳴り響くなか、十数人の参加者に恵まれた。この場を借りて感謝申し上げたい。

註

(1) このワークショップ報告は提題者の太田匡洋、立花達也の協力のもとで書かれた。

九鬼周造『偶然性の問題』における行為論(1)

織田和明

はじめに

本論文は九鬼周造（一八八八－一九四一）の主著『偶然性の問題』の第三章「離接的偶然」を行為論として解釈し、九鬼の哲学の実存の哲学としての側面を明らかにする試みである(2)。なお、本論文における「行為」は自己の歴史性と他者との関係を引き受けて社会の中で主体を形成していくための自己の意志的な行動のことである。

偶然性とは何か

まずは九鬼の哲学における偶然性の定義を確認しておこう。

偶然性とは必然性の否定である。必然とは必ず然か有ることを意味している。すなわち、存在が何等かの意味で自己のうちに根拠を有っていることである。偶然とは偶々然か有るの意で、存在が自己のうちに十分の根拠を有っていないことである。すなわち、否定を含んだ存在、無いことの出来る存在である。換言すれば、偶然性とは存在にあって非存在との不離の内的関係が目撃されているときに成立するものである。有と無との接触面に介在する極限的存在である。有が無に根ざしている状態、無が有を侵している形象である。(2, 9)

偶然は「否定を含んだ存在、無いことの出来る存在」であるから、存在の問題である。そして「偶然性とは存在にあって非存在との不離の内的関係が目撃されているときに成立する」とあるので、偶然性は目撃されることによって成立する認識の問題である。「偶然」は「偶々然か有る」存在であり、「偶然性」は観測者がそれを認識することによって成立する。そして九鬼が著書に『偶然性の問題』と命名したことは、九鬼の関心の中心が「偶然」そのものよりもむしろ、それを認識する人間の方にあったということを示しているだろう。九鬼は偶然を「定言的偶然」、「仮説的偶然」、「離接的偶然」の三つに分けるが、いずれにあっても「偶然性」を見て取る人間の存在が示唆されている。[3]この偶然性を見て取る人間は「離接的偶然」で展開される九鬼の形而上学では「我」と呼ばれる孤立した個人である。[4]それゆえ「我」は『偶然性の問題』の中心軸であり、「偶然性」と「偶然」は「我」の認識と世界の存在を論じるための装置であると言うことができる。

『偶然性の問題』における「我」の位置付け

この「我」が他者と邂逅し、根源的な間主体的社会性を構成し、共同体の中で行為できるようになることが、以下の引用が示すように、『偶然性の問題』の「結論」で示される九鬼の到達点の一つとなっている。

> 偶然を成立せしめる二元的相対性は到るところに間主体性を開示することによって根源的社会性を構成する。間主体的社会性に於ける汝を実存する我の具体的同一性へ同化し内面化するところに、理論に於ける判断の意味もあったように、実践に於ける行為の意味も存するのでなければならない。(2, 258–259)

しかしそもそもなぜ偶然性という様相を論じているはずの『偶然性の問題』において、「我」と「汝」の邂逅が結論の最重要課題となっているのだろうか。まずは九鬼の哲学の遍歴を確認しながら考えてみよう。

九鬼が留学中に発表した「時間論」(一九二八)の「時間の観念と東洋における時間の反復」に自己は孤独な単独者であるという考え方は既に現れている。そこでは時間の永遠回帰を意志し、実現する主体が「絶対的孤独のうちなるこの魔術師」[5]と呼ばれている。この講演で九鬼は宇宙が個人の意志[6]によって創り出され、そして維持されるという、非常に主意主義的かつ独我論的な立場を打ち出している。しかし帰国後の『「いき」の構造』(一九三〇)では一転して「我々に直接に与えられているものは「我々」である。また我々の総合と考えられる「民族」である。[7]」というテーゼを議論の起点とする。そして「我々」=民族にとって核心的な存在様態は「意味」として現れ、それは「言語」によって表現されると九鬼は主張する。「意味」を共有し、それを言語で表現している共同体である「我々」=民族こそが直接与件であるという立場が『「いき」の構造』では打ち出され、個人ではなく共同体を起点とした議論となっている。

『「いき」の構造』は歴史によって培われた文化の特殊性を明らかにすることによって具体的な生の実像に迫ることを主

眼としているので、ciel, sky, Himmelの間に「意味」の違いがあることを指摘し、それぞれの民族には独自性、固有性があることを主張する。しかし、同じ言語であっても話者ごとに微妙に異なる「意味」でその言葉を用いているケースは頻繁にある。言葉の微細な意味の差異に着目し、その独自性・固有性に価値を認める立場を突き詰めるならば、「意味」の共同体としての「我々」を安易に前提にすることはできないだろう。『偶然性の問題』では再び孤独な自己である「我」が議論の起点となる。そしてそこで課題となるのは「我」が「汝」と邂逅し、間主体的共同体を形成することである。このように九鬼にとって個人と共同体は一貫した研究課題である。だが、『偶然性の問題』はただ共同体の形成を論じているわけではない。九鬼はもう一段ラディカルに、共同体を構成する「主体」さえも一度解体し、もう一段手前から議論を開始する。

孤独な自己としての原始偶然

九鬼が『偶然性の問題』において直接与件と認めたものは「原始偶然」である。この原始偶然はもともとシェリングの積極哲学の概念であるが、九鬼はシェリングからそのまま受け継いでいるというわけではなく、九鬼自身の手で大きくアレンジされている。まずは『偶然性の問題』の第二章「仮説的偶然」の最終節「一二　仮説的偶然から離接的偶然へ」の九鬼が原始偶然を導入する際の議論を確認しよう。

> 我々は経験の領域にあって全面的に必然性の支配を仮定しつつ、理念としてのxを「無窮」に追うたのである。しかしながら我々が「無限」の彼方に理念を捉え得たとき、その理念は「原始偶然」であることを知らなければならない。(2, 146)

経験の水準において必然性の支配を認め、そして因果系列を無限にさかのぼった彼方にある最古の究極の原因として、理念としての原始偶然を九鬼は議論に導入する。これは、世界は経験としては確実に存在しているが、その領域を支える形而上学的な根拠はない、という九鬼の存在論の基本的な考えとなる。そしてこの「無限」の彼方にある理念はシェリングの積極哲学においては歴史の起点としての原始偶然と呼ばれたと九鬼は考える。

この「無限」の彼方にある理念としての原始偶然は、歴史に起点を想定するという考えであり、さほど特異なものではない。この原始偶然は現代でいうところの宇宙の起点としてのビッグバンである。九鬼が理念としての原始偶然を物質の水準で考えていて、現代に生きていればそれをビッグバンと同一視したことは全集の第二巻二六二頁にある九鬼が同書一四六頁に書き込んだ図を見れば容易に推定できる。橋本崇はシェリングの原始偶然は神の現実性を背景に持った直線的なキリスト教的歴史観の始原であるが、九鬼の原始偶然は「単なる現実としての現実の現実性」であるとまとめているが(8)、この「単なる現実としての現実の現実性」は、物質の因果性の水準と言い換えられる。一九世紀に生きたシェリングは原始偶然の背後に神を見ることができるが、二〇世紀に生きた九鬼は世界の外側にそれを支える何かを見出すことはできない。このように同じ語を用いながらも両者の意味は根底から異なっており、九鬼の原始偶然はシェリングにはなかった無根拠性に直面している。とはいえ原始偶然がこのような意味であるならば、この理念としての原始偶然は本論文の課題である実存の行為の問題からは縁遠いもののように思われる。

しかし、九鬼は形而上学的な存在論に取り組む第三章「離接的偶然」では原始偶然は「無限」の彼方にある理念ではなく、目下現在において直面する現実にこそ見出されると主張する。

> 原始偶然が偶然たる所以は与えられた「いま」の瞬間に偶然する現在性に存するのでなくてはならぬ。過去性に於て追求されるものは偶然ではない。未来性に於て期待されるものも偶然ではない。偶然はただ現在性に於てのみ触発されるものでなくてはならない。(2, 210)

このように、「現在」が原始偶然と、つまりこの瞬間こそが無根拠ながらも現に存在するものと、見なされるようになっている。そして正視されるものは現在の一点だけであり、過去と未来は現在から斜視的に目撃される二次的なものであると位置づけられる(9)。「現在」が原始偶然であるとみなすならば、存在者は「無に等しい現在に於て危く成立する(10)」瞬間的なものとなる。第二章の「仮説的偶然」では経験の水準を論じていたので因果系列として過去から現在を経て未来へと流れる時間が前提とされていたが、形而上学の水準を論じる第三章の「離接的偶然」ではその連続性を自明のものとしない。ただ危うく成立する現在の現実だけが存在する原始偶然と認められ、過去・未来との連続性は二次的に目撃されるだけである。そしてこの過去と未来から切り離された現在の瞬間としての原始偶然に「我」は位置づけられている。『偶然性の問題』で論じられている「我」は「無に等しい現在に於て危く成立する」時間的にも孤立したものであり、自己の歴史的根拠を喪失した状態にある。

このように『偶然性の問題』の第三章「離接的偶然」は現在の瞬間としての原始偶然を直接与件としているので、「我」は共同体と歴史性を喪失している。そして『偶然性の問題』

の議論を分析すると、そこで展開されている様々なトピックは孤立した「我」が共同体と歴史を再構築するための作業であることが見えてくる。

偶然性を起点とする生産原理(11)

その第三章「離接的偶然」における共同体と歴史の再構築の理論モデルが左の様相の三種の体系の第三体系の図である。

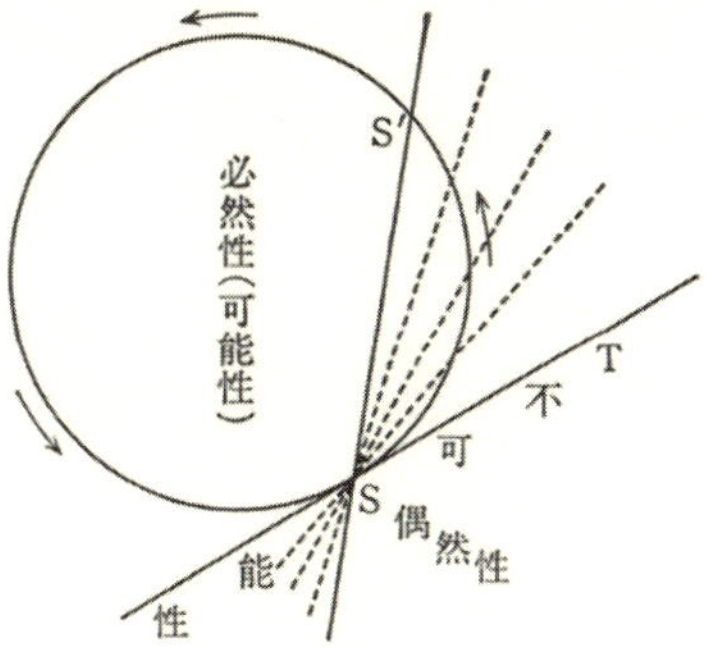

図1　(2, 186)

この図に於て円周は必然性を表わし、弧は可能性を表わす。切線STは不可能性を表わし、切点Sは偶然性を表わす。切点Sが曲線の生産点として自己から出発し、矢の方向へ進行して全円周を生産し終ったときに静止する。静止の状態に於て把えられた円周と切点Sとが現実性を表わし、運動の状態に於て考えられた弧と切線STとが非現実性を表わす。

可能性を表わす弧が矢の方向に増大した極限は必然性を表わす円周となる。弧が次第に減少して矢の方向と反対にS'が限りなくSに近づき、直線SS'が限りなく直線STに近づき、遂にその極限として直線SS'が直線STに合し、S'がSに合した場合に、偶然性としてのSが浮出て来るのである。換言すれば偶然性は不可能性を表わす切線STが可能性を表わす曲線に接する切点としてのSである。偶然性は不可能性の直線上に位置を有っている無に近いものである。そうして円周の否定が点である如く、偶然性は必然性の否定である。また円周上にS点以外に無限数の切点が思惟せられる如く、偶然性は離接的なる可能性の統体の一離接肢に過ぎない。しかも偶然性は自己が生産点たることを自覚するや極微的可能性より出発して曲線を連続的に充実し、遂に可能性を必然性の円周にまで展開し得る現実の力である。(2, 186–187　強調原文)

九鬼の意に反することであるが、この第三体系の図とその説明は第三体系それ自体とはいくつも違いがあるので、論理的に同一とみなすことはできない。本論文ではこの理論モデルを第三体系そのものと区別して「生産原理」と呼ぶことにする。上記の図と説明は非常に抽象的であるが、要約するとここには３つのステップが記述されている。

①接点Sが曲線の生産点として自己から出発し、可能性を生産する。

②すべての可能性（＝必然性）が生産され、点Sが静止する。静的に捉えられた必然性と偶然性が現実性、動的に捉えられた可能性と不可能性が非現実性である。

③可能性が次第に減少しその極限において接点Sだけが残されたとき、不可能性にさらされた存在としての偶然性が浮き出てくる。

この接点Sが原始偶然であることは明らかだろう。そして上記引用の直後で「偶然性」が「我」、「可能性」が「汝」と言い換えられているので、Sは「我」である。[12]『偶然性の問題』の第三章「離接的偶然」の後半ではこの生産原理に従った議論が断続的に展開され、「結論」の邂逅の倫理へとつながっていく。

可能世界の想像

まずは「①接点Sが曲線の生産点として自己から出発し、可能性を生産する」の具体的な展開についてみてみよう。ここで九鬼が論じるのは可能世界である。九鬼の可能世界論が詳細に検討されるのは執筆年不明の未発表原稿[13]「偶然化の論理」と一九三九年の「驚きの情と偶然性」であるが、議論の骨組み自体は『偶然性の問題』で既に現れている。両論文を参照しながら、偶然性による可能性の生産を考察しよう。[14]

九鬼はまずライプニッツの『弁神論』にあるセクストゥス・タルクィニウスの挿話を参照する。ライプニッツは、無数の可能世界があるが神によって創造されるのは最善世界だけであると主張した。そして九鬼はライプニッツが無数の可能世界を論じたことを評価し、神によって最善世界が選択されたと考えたことは独断論であると批判した。「我」を起点とする九鬼にとって、ライプニッツの可能世界論はあまりに神話的な話である。

九鬼が可能世界を論じる際に念頭に置いているのは人間のごく日常的な想像であり、その具体的な例としては競馬が挙げられている。[15]あるレースにおいてA馬が一着であったとすると、A馬が二着や三着である場合も可能な離接肢として考えることができるので、A馬が一着であるというのは偶然であると、九鬼は論じる。確かに、レースが終わった後に外れ馬券を買った人たちが、例えば「もっと外に出して末脚を活かせばB馬が勝っただろうに」とぼやくのはよくある光景である。九鬼は他にも、明日月が地球に落ちてくる、人間が木星に住んでいる、自分たちが日本人ではなく外国人である、さらには人間ではなく虫、鳥、動物である、等の例を列挙している。

この九鬼の可能世界論の特徴は自身の投げ込まれた偶然的な現在を引き受けたうえで展開される想像になっていることにある。九鬼の可能世界は、自分は地球に住む日本人で、競馬ではA馬が勝った、という偶然に存在するこの世界を与件に繰り広げられる想像となっている。この想像の範囲は広く、存在しなかった過去（A馬が二着になった）、存在しない現在（人間が木星に住んでいる）、「我」以外の他者である「汝」（外国人、虫、鳥、動物）、そして存在することになるかどうかわからない未来（明日月が地球に落ちてくる）が含まれている。これはつまり、現在存在する「我」とかつて存在したもの以外のうち、少しでも実在性を看取することができるもののすべてである。九鬼の可能世界論は「我」が投げ込まれた偶然存在する現実と、それに応じた「我」による想像の問題である。

九鬼は偶然存在する世界は原始偶然であり、世界が存在することの根拠は不十分であると考えた。神の立場から世界を考えるライプニッツは神が最善世界を選択、創造したと考え、他の可能世界を共可能性がないことを理由に退ける。しかし、有限な「我」の主観から世界に臨むならば投げ込まれたこの存在する世界が最善世界であると考える根拠はないし、可能世界の方が最善であると考えない理由もないし、無数の可能世界のすべてに対して共可能性の不在を見る必要もない。「我」の立場からすれば世界は無根拠に存在しており、ひょっとすると「我」が知らないだけで世界は無数に存在しているのかもしれない。「我」が鳥として生きている世界が存在していても問題はなかったのではないかと考えられるし、その世界が「我」が人間であるこの世界よりも劣ると断言することもできない。

九鬼の可能世界論はライプニッツの可能世界論を参照しつつも、それを神による創造の問題から「我」による想像の問題へと換骨奪胎することによって世界存在の根拠を無効とし、偶然に存在する世界と無数の存在しない可能世界からなる「我」の世界の捉え方を提示している。「我」はただ一点存在する現在の現実を受けて無数の可能性を想像する。その極限において、理念として離接肢の総体である「絶対的形而上的必然」[16]に「我」は思い至ることになる。「②すべての可能性（＝必然性）が生産され、点Sが静止する。静的に捉えられた必然性と偶然性が現実性、動的に捉えられた可能性と不可能性が非現実性である。」である。このいわば神の視点である「絶対的形而上的必然」まで観念を巡らせた後、九鬼はもう一度現実の、偶然性の水準へと帰ってくる。それが「③可能性が次第に減少しその極限において接点Sだけが残されたとき、不可能性にさらされた存在としての偶然性が浮き出てくる。」である。

可能性の収束、偶然性の浮上

このようにして目下直面する現在としての原始偶然に直面した「我」は無数の可能性を想像するが、「我」の現実に将来し、現実に存在しうるものは未来の一部だけである。それゆえ九鬼は時間論を論じる際には未来だけを可能性とする。そして現在を偶然性、過去を必然性に位置付ける。未来には多くの可能性がある。例えば子どもの頃は様々な「大人になった時の職業」を思い描くことができるが、成長するにつれて選択肢は減っていき、現在の一点に至る。このように可能性は時間の流れとともに「現実」によって制限を受けて縮小し、現在の一点に収束する。そしてその一点は過去へと体積していく。九鬼はその時間の流れを下の図二で表した。

　偶然に与えられた現実を引き受けて、可能性を想像する。そして展開された可能性は現実性のフィルターと時間の経過によって減少していき、現実である現在の一点にまで収束する。この可能性の展開によって「我」は偶然に存在する一点から世界へと時間的、空間的に展開する。その展開した可能性は「現実」によって再度一点へと収束する。この展開と収縮を繰り返しながら、人間は行為を形成していく。結論にある、九鬼による『偶然性の問題』の行為論の要約を見てみよう。

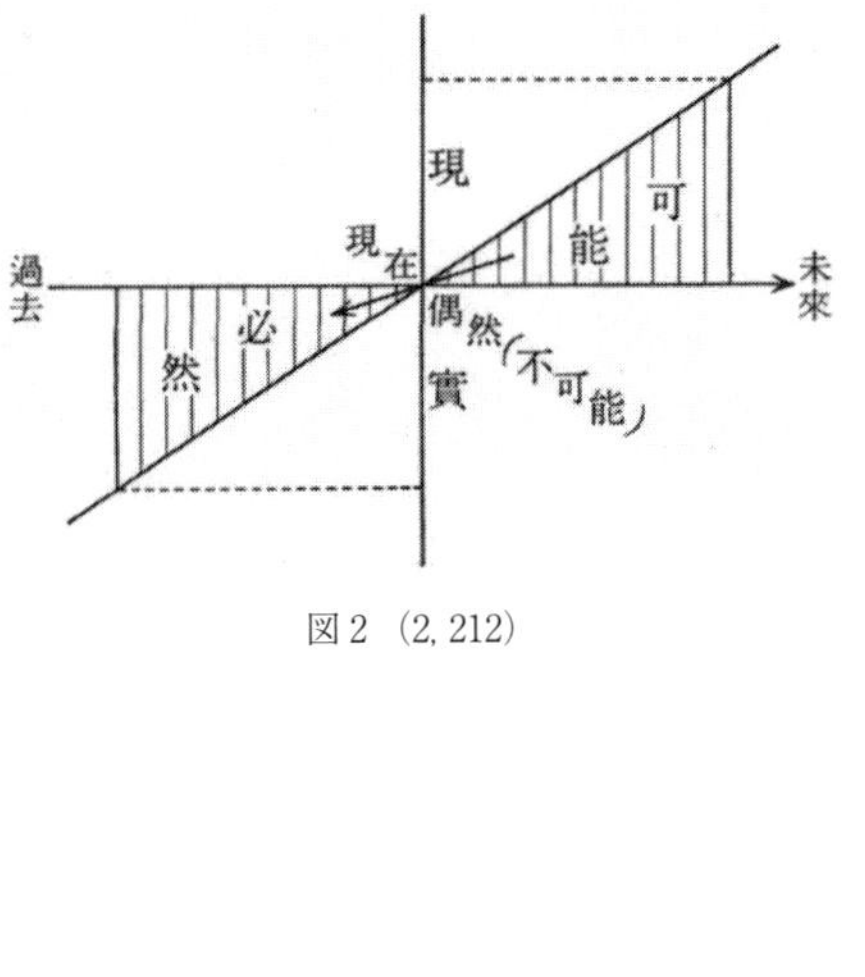

図2（2, 212）

　我々は偶然性の驚異を未来によって倒逆的に基礎づけるこ

とが出来る。偶然性は不可能性が可能性へ接する切点である。偶然性の中に極微の可能性を把握し、未来的なる可能性をはぐくむことによって行為の曲線を展開し、翻って現在的なる偶然性の生産的意味を倒逆的に理解することが出来る。「目的無き目的」を未来の生産に醸して邂逅の瞬間に驚異を齎らすことが出来る。（2, 259）

そして行為の展開によって、偶然与えられた現在には意味が与えられる。この現在に対する意味付け方こそが自身の行為の形成に決定的な影響を与える「運命」である。

運命の構築

九鬼は一九三七年のラジオ講演「偶然と運命」において「偶然な事柄であってそれが人間の生存にとって非常に大きい意味を有っている場合に運命というのであります。[17]」と述べている。九鬼によると、無数の可能世界が考えられるにも関わらず、偶然にこの世界が存在している。そしてこの世界が偶然実現していることが人間にとって重大な意味を持つ場合、それは運命と呼ばれる。これだけであれば、それは一般的な「運命」という語の説明とさほど変わらない。九鬼の哲学の真骨頂は偶然性と必然性との異種結合によって運命を基礎づけたことにある。[18]この異種結合というのは『偶然性の問題』の第二章「仮説的偶然」で導入されていて、ある事象を一方から見れば偶然であり、他方から見れば必然であることを指す。例えば競馬のレース結果は、形而上学的な無数の可能世界を総覧する立場を取れば、偶然実現した世界であるが、世界内部の経験の水準に降り立つならば、そこには勝因、敗因がある。このように視点を変えるならば、目下直面する現在の形而上学的偶然は因果的必然との異種結合に巻き込まれ、時系列と外的要因との関係の中に位置付けられる。

この形而上学的偶然と経験的必然の異種結合はもう一つの異種結合を「我」に思い至らせる。九鬼は「目的なき目的」として、目下直面する現在としての偶然と目的的必然の結合が起こることに着目した。ある偶然の出来事に対して、「我」はそこに遡及的に目的性を付与してしまう。そして「我」はそれによって意味を生成し、ライフストーリーを、そして行為する主体を、形成していく。この例として織田作之助の小説「競馬」[20]を考えてみよう。主人公の寺田は亡くした妻の名前「一代」にちなんで、全財産どころか会社の金まで使い込み、ひたすら一番の馬に賭け続ける。この時寺田は一番に賭け続けることによって、一代と邂逅し、彼女に入れ込んだ自身の過去から「一」に入れ込んだ人生という意味を創り出し、他の未来を捨て、「一」という目的に生きるようになる。このようにして寺田は「「目的無き目的」を未来の生産に醸して邂逅の瞬間に驚異を齎」し、歴史性と空間性を踏まえて行為を形成していく。もはや「我」は目下直面する現在にただ偶然に存在しているのではなく、自身の歴史と他者との関係の中から行為を形成している。運命を自覚した「我」は瞬間的な偶然ではなく、連続性を持った必然である。

この主体の形成を経た結果、「我」は目下直面する現在の一点だけではなく、偶然的な現在の連続体としての歴史を持ち、外部と関わりながら行為を形成するものとなる。それゆえ『偶然性の問題』の「結論」では「我」は「偶然」ではなく「必然」に位置づけられるようになり、「汝」は現在において「我」が邂逅する直接的な体験として「偶然」に重ね合わされるようになる。

脆く壊れやすい主体

『偶然性の問題』において目下直面する現在としての原始偶然から、与えられた「我」の一点を起点として想像を展開することによって世界を把握し、行為する主体を形成する過程を明らかにした。最後に九鬼が提示する主体像の特徴を考えておきたい。

九鬼が提示する主体は「無の深淵の上に壊れ易い仮小屋を建てて住んでいる[21]」ような非常に脆く壊れやすいものである。九鬼はしばしば里見弴の「不幸な偶然」という小説に言及するが[19]、これは主人公が汽車の窓から投げたガラス瓶が誰かにケガをさせたのではないかと心配するあまり精神に異常をきたす話である。この主人公は偶然の出来事に対して想像を基に不適切な必然性を構築し、そのために精神に異常をきたしてしまう。先に例として挙げた「競馬」はストーリーテラー織田作之助の面目躍如たる快作だが、この全財産と会社の金を使い込み一番に賭け続ける主人公は、社会性を喪失して競馬に入れ込み、会社の金を横領した犯罪者以外の何物でもない。「我」による必然性の付与はそれが「我」に由来するがゆえに過ちを犯しやすいものである。九鬼がこのような脆く壊れやすい主体を提示したことは、批判されるべき点かもしれない。主体の問題に取り組む哲学者の仕事は十全で健康的な主体像を提示することだと考える立場もあるだろう。しかし主体が抱える壊れやすさこそが私たちの実存であることは否定できない。「生きた哲学は現実を理解し得るものでなくてはならぬ。[22]」と『「いき」の構造』の「序」には記してあるが、九鬼は、偶然性の研究を経て、脆く壊れやすい主体に寄り添った実践の哲学へとたどり着いた。

終わりに

本論文では九鬼周造の『偶然性の問題』を行為論として解釈した。はじめに『偶然性の問題』が「我」を基底とする立場であることを確認した。次にこの共同体と歴史性を喪失し、孤立した状態にある「我」が、唯一の直接与件である現在としての原始偶然を起点として、想像力によって可能性を展開し、それを「現実」によって現在の一点へと収束させることによって行為を作り上げていくことを明らかにした。そして偶然の現在にある経験を受け止めることによって自己の歴史性と他者との関係性の中から意味を生産して運命を構築し、可能である連続性を持った主体を形成し行為を実践していく過程を明らかにした。九鬼の描く主体は脆く壊れやすいものであったが、それを持ちこたえさせ、世界の中で行為していくことこそが九鬼の哲学の主題である。

註

（1） 本論文は二〇一六年一〇月に関西哲学会第六九回大会で行った研究発表「九鬼周造『偶然性の問題』における主体の形成」を改題、加筆修正したものである。

（2） 九鬼の論文集のタイトルは『人間と実存』であることからも、「人間」と「実存」が九鬼の最重要テーマであることは明らかだろう。

（3） 偶然性の観測者の存在は議論の前景にはあまり出てこないが、しばしば記述されている。例えば第一章の「定言的偶然」では『列子』の「范氏子華の客たち」が「孤立的事実を偶然と考えた」という話が一例として挙げられており、この「范氏子華の客たち」が観測者として定言的偶然を成立させている（2, 32）。

（4） 「我」は「計らずも他者と邂逅する」「孤在する一者」とされている（2, 258）。

（5） （1, 289(60)/406）

（6） 永遠回帰を意志する主体がun homme, cet homme, ce magicienと一貫して単数で記述されていることから明らかである。（1, 289(60)）

（7） （1, 7-8）

（8） 橋本（二〇〇二）、二五四-二五五頁。

（9） （2, 212）

（10） （2, 211）

（11） 本章の議論の詳細については織田和明（二〇一七）を参照のこと。

（12） （2, 188）

（13） 可能世界論と哲学史研究の充実具合や、『偶然性の問題』への言及があることから一九三五年の『偶然性の問題』の出版以降の執筆と考えられる。

（14） 九鬼の可能世界論は小浜（二〇〇六）の二五一-二六〇頁にその概要が的確にまとめられている。

（15） （2, 199-202）

（16） この「絶対的形而上的必然」もまた「原始偶然」と同一のものとされる（2, 239）。よって原始偶然には、①因果系列の起点（理念としての原始偶然）②世界に臨む実存としての「我」③離接肢の総体である「絶対的形而上的必然」、の三つの側面があることになる。本稿は原始偶然②を重点的に論じている。原始偶然、ひいては九鬼の形而上学の全体像の解明は極めて重要な課題であるが、別稿の課題としたい。

（17） （5, 32　強調原文）

（18） （2, 224）

（19） （2, 127-128）、（11, 97-98）など。

（20） 織田作之助（二〇〇九）、二七九-二九九頁。

（21） （5, 170）

(22) (1, 3)

参考文献

一次文献

九鬼周造（一九八〇-一九八二）『九鬼周造全集』、岩波書店。

引用に付した記号は（巻数、頁数）である。旧漢字、旧仮名遣いは適宜改めている。

二次文献

織田和明（二〇一七）「九鬼周造の『偶然性の問題』における「現実」」、『年報人間科学』、大阪大学大学院人間科学研究科　社会学・人間学・人類学研究室、第三八号、三五-四九頁。

織田作之助（二〇〇九）『六白金星・可能性の文学他十一篇』、岩波文庫。

小浜善信（二〇〇六）『九鬼周造の哲学—漂泊の魂』、昭和堂。

Schelling, Friedrich Wilhelm Joseph von （一九二七-一九七一）: *Schellings Werke*, hg. von Manfred Schröter, München: Beck.

橋本崇（二〇〇二）「シェリングと九鬼周造」、坂部恵、藤田正勝、鷲田清一編、『九鬼周造の世界』245-264頁、ミネルヴァ書房。

Leibniz, Gottfried Wilhelm, Freiherr von （一八七五-一八九〇）: *Die philosophischen Schriften*. herausgegeben von C.I. Gerhardt Berlin: Weidmannsche Buchhandlung.

信仰と哲学——ハイデガーのアウグスティヌス解釈について(1)

君嶋泰明

保守的なカトリック教徒として青年期を過ごしたマルティン・ハイデガー（1889-1976）は、二八歳になる一九一七年の春、エルフリーデ・ペトリと結婚する。当時ハイデガーはフライブルク大学私講師、エルフリーデは彼の講義を聴講する学生の一人であった。

彼女はプロテスタントであった。かねてハイデガーのうちには、カトリックの教会や教義にたいする疑いと、それらに縛られない自由な信仰のあり方への希求が湧き上がっていた。エルフリーデがハイデガーの友人の神学者エンゲルベルト・クレプスに報告しているところによれば、結婚後、二人は互いの信仰のあり方について何度も話し合ったという。そしてその結果、二人は遅くとも一九一八年末までには「プロテスタント的に考える」ようになり、「教義によって固く縛られることなしに人格神を信じ、プロテスタント、あるいはカトリック的にいって何が正統な教義なのかにかかわらず、キリストの精神において神に祈るようになった」という(2)（Ott, 1992, 99-100）。

そのことをハイデガー自身は一九一九年一月のクレプス宛の手紙で次のように書いている。

私はこの二年間［…］自分の哲学的立場がどのようなものかを原理的に明らかにしようと努めてきましたが、その成果によって、私は哲学以外のものに拘束されていては、自分の信念と教育の自由を確保できないような状態にまで至ってしまいました。

歴史認識の理論にまでおよぶ認識論的洞察によって、私にはカトリシズムのシステムが問題含みなもの、受け容れがたいものとなってしまったのです。ただしキリスト教や形而上学までそうなってしまったわけではありません。もっとも、それらもある新たな意味でのキリスト教、形而上学

> ではあるのですが。[…]
> 私は哲学へと内的に召命されていると信じていますし、研究と教育でこのつとめを果たすことにより、私は内なる人間に与えられた永遠の使命のために、そしてそのためだけに私の力のおよぶ限りのことをすることができ、またそのことにより、自分の現実存在と活動そのものについて、神の前で正当化することができると信じています。(ibid., 106-7)

ここでハイデガーは、自分はキリスト教の信仰を放棄したといっているわけではない。そうではなく、彼は「カトリシズムのシステム」から自由な、「ある新たな意味での」信仰をもつに至ったと述べているのである。そのような信仰をもつことで、彼はここでいわれる「二年間」、すなわち一九一七―八年の間に、哲学以外のものに拘束されることなく、純粋に哲学研究と教育に打ち込む生を選び取ることとなったという。

しかしながら、これにはある種の収まりの悪さを感じざるをえない。彼は信仰を棄てて哲学を選んだのではなく、信仰ゆえに哲学を選んだのだといっている。彼自身がいわゆる「ナトルプ報告」(1922)などで「哲学は根本的に無神論的(*atheistisch*)である」(GA62, 363)と述べているにもかかわらず、である。いったい、彼においてこの〈信仰ゆえの哲学〉と〈無神論的哲学〉とは、いかにして両立しているのだろうか。

この問いに答えることが本稿の主たる目的である。そのために、以下ではハイデガーの一九二一年夏学期講義「アウグスティヌスと新プラトン主義」(以下「アウグスティヌス講義」)におけるアウグスティヌス『告白』第10巻の解釈に着目したい。ヴァン・ビューレンが指摘するように、ハイデガーが上述の模索の時期に、ルターや、ルターが立ち返ろうとしたパウロ、アウグスティヌスから多くを学んだであろうことは広く認められている(van Buren, 1994, 159)。そこで以下では、これらの宗教家のうち、とくにアウグスティヌスに焦点を絞り、ハイデガーのアウグスティヌス解釈のうちに、上の問いにたいする答えが見いだされることを示したい。

第1節では、ハイデガーが「ナトルプ報告」などで「無神論的」と呼ぶ哲学観を瞥見し、本稿が問題にしたいことを再度、より詳しく述べる。第2節では、アウグスティヌス講義の検討を通じて、そこで描かれているアウグスティヌスの信仰のうちに、上の問いにたいする答えが見いだせることを示す。そのうえで、最後に問題提起として、『存在と時間』を一つの〈信仰ゆえの無神論的哲学〉の書として読み解きうる可能性に注意を促したい[3]。

1. 信仰ゆえの無神論的哲学？

ハイデガーは「ナトルプ報告」のある箇所で、自分の哲学観を簡潔に提示している（GA62, 362-3）。それを筆者なりに敷衍すると以下のようになる。

まず、哲学が相手にするのは、哲学をするこの私の「生」である。そのさいこの生は、あらかじめ次の二つの特徴をもつものと見なされている。

第一に、私は、外から動機づけられて何かをし始める以前に、自分の方から何かを行おうとして生きている（＝生は「自分に固有な事実的諸可能性」や「根本諸動性」をもつ）。

第二に、私はたんにそのような仕方で何かを行おうとして生きているだけでなく、同時にその〈何か〉が何であるのかを「解釈」しようともしている（＝「生の根本動性そのものを解釈しようとする傾向」）。いいかえれば、私は上のような仕方で何かを行おうとしていながら、その〈何か〉が本来何であるのかを、自分でもよくわかっていないのである。

この点は、「ナトルプ報告」に先立つ一九二一／二二年冬学期講義「アリストテレスの現象学的解釈／現象学的研究入門」（以下「入門講義」）で、より明確に述べられている。「事実としての生においては、この生それ自身にたいして、つねに何かが何らかのかたちで欠けている。しかもそこでは同時に、欠けているものは本来何なのか（was es eigentlich ist, das fehlt）という規定もともに欠けているのである」（GA61, 155）。

まとめると、私は規定を欠き、漠然とした、解釈を要するレベルで、自分の方から何かを行おうとして生きている。以下ではこの〈何か〉をこの時期のハイデガーの「実存（Existenz）」概念の内実をなすものとして理解する。[4][5]

そして哲学とは、自分の生をあらかじめこのようなものと見なしたうえで、少なくとも次の二つのことを行うものである。

第一に、哲学は、生にもともと備わっているが、通常は表立っていない、自分の実存そのものを解釈しようとする傾向を明示的に遂行しようとするものである（＝「生の根本動性そのものを解釈しようとする傾向を、混じり気なしに、明示的に遂行すること」）。

第二に、哲学は自分の生にたいして、自分の実存と一致した、自分自身に立脚したあり方、すなわち自分の実際のふるまいと、自分が自分の方から行おうとしていることとの間にズレがないあり方を確保しようとする（＝「事実としての生を、それ自身の方から、自分に固有な事実的諸可能性に基づいて、自分自身に立脚させること（auf sich selbst zu stellen）」）。哲学はそのようにして、自分を自分自身に立脚させる＝本来的に実存することを目指すのである。

なおハイデガーは、一九一九／二〇年冬学期講義「現象学の根本問題」や、一九一九—二一年に取り組んだヤスパース『世界観の心理学』(1919) の書評などで——そして後に見るアウグスティヌス講義でも——「私自身をもつこと (Michselbsthaben)」とか「自分自身をもつこと (Sichselbsthaben)」という用語を用いているが、そのいわんとするところは、上述の自分を自分自身に立脚させることであると考えられる。以下では両表現を互換的に用いる(6)。

さて、ハイデガーが「哲学は根本的に無神論的である」(GA62, 363) と述べるのは、以上のような哲学観が提示された直後である。具体的には、哲学はいま述べた第二の側面をもつことによって、無神論的であらざるをえないというのが彼の主張である。彼は上の言明に付した脚注で次のようなことを述べている (ibid., n. 54)。いわく、哲学は「神についての何らかの「予感」(eine ›Ahnunug‹ von Gott)」をもつことと両立する。そしてそのような予感をもつ者は、自分を自分自身に立脚させるとか、自分自身をもつという哲学の狙いが、「宗教的にいえば神に逆らうことであることを知っているはずである。しかしまさにそうすることによってのみ、哲学は、誠実に、ということはつまり哲学として自由に処理しうる可能性に見合ったかたちで、神の前に立つことになるのである」。

同様のことを、ハイデガーは入門講義で次のように述べている。

> 哲学は、自分を自分自身に立脚させようとする［がゆえに直面する、自分の実存にかんする］その徹底的な疑わしさのなかで、原理的に無-神論的 (*a-theistisch*) たらざるをえない。哲学はまさしくその根本傾向ゆえに、神をもつとか、神を規定するなどという不遜を禁じられているのである。哲学が徹底的であればあるほど、哲学はある神からの隔たり (ein weg) であることがはっきりしてくるのであり、したがってまさしくこの「隔たり (weg)」の徹底的な遂行において、［哲学は］ある固有で困難な神の「そば (bei)」［なのである］。(GA61, 197)

自分を自分自身に立脚させようとする哲学は、自分の実存にたいして「徹底的な疑わしさ」を突きつける。哲学は、それを断固として行うことにより、自分が「ある神からの隔たり」であることを自覚していく。自分にはもともと「神をもつとか、神を規定するなどという不遜を禁じられている」のであり、自分はこの意味で「原理的に無-神論的 (*a-theistisch*) たらざるをえない」のである、と。

しかし、自分自身をもとうとすることが、なぜ神との間に乗り越え不可能な隔たりがあることの自覚に結びつくのだろうか。この点は必ずしも自明ではない。

それればかりではない。ハイデガーはここで、この隔たりの自覚が徹底的になされたとき、哲学は「ある固有で困難な神の「そば（bei）」」に立つことになるとも述べている。だが、それはどういうことなのか。この一見した逆説はどう理解されるべきなのか。

ハイデガーは上の引用の直前の箇所で、「私は哲学者として宗教的人間でありうるとしても、私は哲学することにおいては宗教的にふるまわない」（ibid.）と述べている。この発言は、彼はまずもって「宗教的人間」として、哲学が神のそばへと至る一つの道であると信じるがゆえに哲学者たらんとしていたことを示唆する。だがもしそうであるなら、彼は上の二つの疑問にたいする答えをもっていたはずである。そこで次節では、アウグスティヌス講義の検討を通じて、次の二点がアウグスティヌスから学ばれうることを示したい。（1）哲学の一側面である自分自身をもつことは、神との間に乗り越え不可能な隔たりがあることの自覚に結びつきうる。（2）この隔たりを自覚することは、かえって神のそばに立つことを意味しうる。

2．ハイデガーの『告白』第10巻解釈

アウグスティヌス講義で描かれているのは、まさしく信仰ゆえに自分自身をもとうとするアウグスティヌスの姿である。『告白』第1巻に「あなたは私たちをご自身に向けてお造りになりました」（Conf. I. 1. 1）とあるように、ハイデガーの理解するところでは（cf. GA58, 62）、アウグスティヌスの信仰とは、自分の実存は神と一体になることとして、あらかじめ神によって定められている、というものであった。彼は、自分は神と一体になろうとして生きていると信じていたのである。

彼はこの信仰ゆえに自分自身をもとうとする。つまり神が定めた通りに実存しようとする。だが彼は、そのことを徹底的に追求するがゆえに大きな困難に直面することとなった。

一方で、もしも私が神と一体になろうとしているのであれば、私がそこからズレたことを行うことがあれば、それは私にとって嘆かわしいことである。だが私は実際には、そのようなことをよろこんで行ってしまうかもしれない。

他方で、もしも私が神と一体になろうとしているのであれば、私はそこからのズレが判明したら、いわば軌道修正の機会を得たわけだから、そのことをよろこぶべきである。しかし、私はもしもそのように自分自身についての誤認が判明し、

思っていたのとは異なる自分自身が露わになれば、そのことをかなしんでしまうだろう。

「本来嘆くべきよろこびと、本来よろこぶべきかなしみとが、自分の中で争っています。いずれが勝ちを占めるか、私は知りません」(Conf. X, 28, 39)。結局のところ、自分は嘆くべきよろこびに安住しようとしているのか、それともよろこんでかなしみに耐えようとしているのか、わからない。ハイデガーがいうように「自分の生が最終的にどちらに振れるのか」(GA60, 209) がわからないのである。このことを指してアウグスティヌスは「私は自分自身にとって謎となりました」(Conf. X, 33, 50; GA60, 209, n. 21) といっている。

彼のこのような現状の吐露が、『告白』第10巻の大きなテーマの一つである。そしてハイデガーが講義で追跡しているのは、アウグスティヌスがそのように自分を「謎」と見なし、最終的には神との隔たりを自覚するに至った経緯である。要点に絞って見ていこう。

2-1 「自分自身をもつこと」はどのような過程か

アウグスティヌスは『告白』第10巻第30章以降で、各種「嘆くべきよろこび」を挙げながら、自分がそれらを求めていないとは言い切れないという、自分自身のわからなさを次々に打ち明けていく。


たとえば、私は神に定められた通りに実存するために健康を維持すべきであるから、そのためにのみ適切な飲食をすべきである。ところが飲食には快楽が伴う。これにより、私が飲食をするのは本当に健康のためにのみなのか、それとも快楽をも求めているのかがわからなくなってしまう (Conf. X, 31, 44)。飲食のような例はほかにもある。たとえば聖歌を聴くことは、神への愛を呼び覚ましたり増強させたりする効果をもつことがある。その場合、私はもっぱら歌の内容に感動すべきだが、実際には声や旋律の素晴らしさに心を動かされているのかもしれない (ibid., 33, 50)。ほかにも、私はあってはならないと知りつつ、美しい形や色に思わず見とれてしまうことがある (ibid., 34, 51)。つまらない話に付き合っていたらそれに聞き入ってしまうとか、大事な考え事の最中に小さな動物の動きに見入ってしまうなど、どうでもよいことに心を占められてしまうこともある (ibid., 35, 57)。

以上にもまして厄介なのは、私はほめられるとうれしいということである (ibid., 37, 61)。これは私が真っ直ぐに神へと向かわず、他者の「気に入る (Gefallen)」(GA60, 232) 自分であろうとしていることの証である。しかし、私は自分がいま得ている他者からの評価を失ったとしても、平気でいられるかどうかわからないのである――。

さて、これらの例が示しているのは、仮に私が自分自身をもつに至り、自分の実存と一致したことを行うことができるようになったと思うことがあったとしても、それはつねに誤認かもしれないということである。アウグスティヌスはこのことを指して、「すべてが試練の連続といわれるこの世の生においては、悪い状態から善い状態になりえた者が、その善い状態からもっと悪い状態にならないかについて安心していてはなりません」（Conf. X, 32, 48）と述べている。

この「善い状態になりえた者」は、厳密を期するなら〈善い状態になりえたと思っている者〉とでも呼んでおくべきだろう。私は自分が善い状態になりえたと思っているとき、自分が実際にはもとの状態より「もっと悪い状態」にいるなどとは考えない。だがそのことは、ハイデガーがアウグスティヌスの言葉を引いて強調しているように、適切な「経験」さえあればいつでも露呈しうる。「私は「経験によって明るみに出るまでは」私自身にたいして隠されている（ich bin mir selbst verdeckt, »nisi experientia manifestur«）」（ibid.; GA60, 216）のである。そしてそのことが露呈するということは、すでに達成していると思っていた自分自身をもつことを、私が実は達成していないことが判明する、ということである。このとき、私がなおも自分自身をもとうとするならば、私は自分が過去に行ってきたことにかんして、本当はどうすればよかったのか、再考を迫られることとなる。自分自身をもつことをやり直そうとするこの過程は、いつ終わるとも知れないものである。しかし自分自身をもつことは、このような「行きつ戻りつ」の過程としてしか可能ではない、というのが、まさしくハイデガーの訴えるところである。「私は次の瞬間にはもう崩れ去り、まったく別の私として明るみに出てくるかもしれない。それゆえ私自身をもつことは、そもそもそれが遂行可能であるなら、つねにこのような生の動き、方向のなかでしかありえず、ある行きつ戻りつのプロセス（ein Vor und Zurück）なのである」（ibid.）。

このように、ハイデガーはまず、自分自身をもつこととはそもそもどのような過程なのかを、アウグスティヌスに即して明らかにしている。

2-2　神との隔たりと神のそば

さて、ハイデガーによれば、このような過程に身を置くなかでアウグスティヌスが最終的に直面するに至ったのは次のことである。すなわち、私は上に挙げたような各種の「嘆くべきよろこび」ならいざ知らず、具体的に何かを成し遂げた（と自分で思っている）自分自身——これをハイデガーは「自己世界（Selbstwelt）」と呼ぶ（cf. ibid., 238）——のことを誇り、これをよろこぶことだけはやめることができない。

ハイデガーは、アウグスティヌスが「自己満足（sibi

placens)」(Conf. X, 39, 64) と呼ぶものをいま述べたようなことと解し、それを「自負（Selbstwichtgnahme)」(文字通りには「自分を重要視すること」) と訳している (GA60, 237)。以下ではハイデガーの言葉を用いる。なお彼の理解によると、アウグスティヌスは実存そのもののことを「善（bonum, Gut)」と呼んでいる[7]。

アウグスティヌスは、自負には少なくとも四つの種類があるとしている (cf. Conf. X, 39, 64)。ハイデガーの解説を踏まえそれを筆者なりにまとめると、大体以下のようになる (cf. GA60, 238-9)。まず、最初に生じる自負は次のようなものである――私は自分自身をもつに至り、自分の実存と一致したことを行うことができるようになった（と思っているが、実際にはそうではない）。

もちろん括弧内のことに私は気づいていない。この自負1は、先に述べた「経験」によって何度でも打ち砕かれるべきものである。しかし、仮に私がこの自負1をもはやもつことがなくなったとしても、今度は次のような自負が待っている――私の実存は、（神ではなく）私が私自身にたいして作り出すものである。

この自負2は、私の実存は私が作り出すものではなく、むしろ神が私に与えるもの、神の「賜物（donum, Gabe)」であることを理解することで、克服しうる。だが仮に自負2をもつことがなくなっても、その先には次のような新たな自負が待っている――神が私にこのような実存を与えたのは、私がそれに値する何らかの功績を立てたからである。

この自負3は、次のことを理解することで克服しうる。すなわち、私に与えられている実存は、私が本来「受けるに値しない（unverdient)」ものであり、神の「恩寵（gratia, Gnade)」以外の何ものでもない。私が神と一体になることがあるとしても、それは私にとっては分不相応なことであり、ただ神の恩寵によってのみ可能となることなのである。しかし仮にこのことを理解し、自負3をもつことがなくなったとしても、今度は次のような自負が待っている――この実存という神の恩寵に、ほかの誰でもないこの自分があずかることがうれしく、他人がそれにあずかることを妬ましく思う。

さて、ハイデガーによると、この最後に残る自負を完全に駆逐し、本来的に実存することへの最後の一歩を踏み出すには、「自己はもはや自分に何事も成就させない（das Selbst sich leistungsmäßig nichts mehr zuspricht)」(ibid., 240) 必要がある。ところがこの要求に応えようとすれば、私はそもそも自分自身をもつことを成就させることができなくなる。

このことは次のことを意味している。すなわち、自分自身をもとうとする努力の果てには、神と一体になって一件落着どころか、その努力がどこにも着地しないという可能性が、すなわち「底なしの落下と、本当の意味で自分自身を失うという可能性が、待ち構えている」(ibid.)。ハイデガーの見るところ、アウグスティヌスはこのようにして、自分自身をもつことの達成不可能性、本来的な実存の原理的な手の届かなさ、神との間の隔たりの乗り越え不可能性を自覚するに至ったのだった。

するとまさしくここに、先に提起した一つ目の疑問にたいする答えを見いだすことができる。すなわちアウグスティヌスを見る限り、たしかに（1）哲学の一側面としての自分自身をもつことは、自分を重要視することをやめることができないことがはっきりするという意味で、神との間の乗り越え不可能な隔たりの自覚に結びつくのである。

では、二つ目の疑問はどうだろうか。なぜこのような隔たりの自覚が、神のそばに立つことを意味しているといえるのだろうか。アウグスティヌスはこれにたいする答えをも身をもって示していたといえる。ハイデガーは『告白』第10巻の解釈を、上述の四種類の自負が提示される同巻第39章の最後の文章を引いて次のように締めくくっている。

> アウグスティヌスは、そうした（まったき事実性において）自分自身をもつことのなかで現実存在することの困難と、そのことに最後に「不安をもたらすもの」をはっきりと見てとっている。「これらすべての、またこれに類するすべての危険と労苦のさなかにあって、私の心がふるえおののいているのを、あなたは見たもう。私はもうそのような傷をこうむることはない、とは感じません。むしろそのような傷をこうむるやいなや、あなたによっていやされるのを感じるのです」。(ibid. 241; Conf. X, 39, 64)

自分はもうそのような傷をこうむることがないとは感じない、とは、自分は今後、各種「嘆くべきよろこび」を追い求めたり、自分を重要視したりすることはやめて、真っ直ぐに神へと向かうことができるようになるとは、もはや思わないということである。ここでアウグスティヌスが語っているのは、まさしくそのようにして、神との間の乗り越え不可能な隔たりを自覚し、したがって神と一体になるという望みが完全に断たれるに至ってはじめて、そのようなみじめな自分にたいする神のあわれみ、いやしを感じることができるようになった、ということである。それゆえアウグスティヌスに従うなら、たしかに（2）神との間の隔たりを徹底的に自覚することは、かえってそうすることによってはじめて可能となるような、神のそばに立つことを意味しうるのである。

結びに代えて——今後の課題のために

本稿は、ハイデガーが一九一七—八年に〈信仰ゆえの無神論的哲学〉とでも呼べるものを打ち出していたことを踏まえ、その整合性の理解に努めてきた。本稿の結論は、彼が上記（1）（2）をアウグスティヌスから学んでいたと仮定すれば、少なくともこの時期のハイデガーの哲学観として、それは十分に理解可能なものとなるだろうというものである。では、彼のこの立場は『存在と時間』でも存続しているといえるだろうか。

かつてフィリプセは、「ナトルプ報告」で表明されるハイデガーの無神論を「方法的無神論」と呼び、それは「神の恩寵の到来に向けて心を開くことによる、神の宗教的探求と通常呼ばれるもの以外の何ものでもない」と指摘していた（Philipse, 1998, 177）。そして、『存在と時間』でもこうした宗教的目的は存続しているかという本稿と同様の問いを立て、それはテキストからは決定することができず、同書は「宗教へと飛躍するための準備」としても「無神論的存在論」としても解釈しうるだろうとしていた（ibid., 178）。だが、これまで前者の可能性はほとんど検討されてこなかったように思われる[8]。たとえばハイデガーは『存在と時間』のある箇所で、同書の根底には「本来的実存」について自分が抱く何らかの「理想（Ideal）」が潜んでいることを、その内実は明かすことなく率直に認めている（SZ, 310）。はたして、同書の実存概念には暗黙裡に何らかの神関係が想定されているのか。もしそうなら、そのことは、人間の実存の分析を通じて存在一般の意味を明らかにするという、未完に終わった同書の遠大な——人間の実存にあまりに多くのものが見込まれているように見える——構想とどう関係するのか。筆者自身は、この問いが同書の構想全体を理解するための鍵となりうると考えるが、ここでは問題提起にとどめざるをえない。

註

（1）題目は大会発表時のものから若干変更してある。

（2）ただしハイデガー自身は生涯、正式にプロテスタントに改宗することはなかったようである。このあたりの経緯についてはOtt (1992) と高田 (1996) を参照。

（3）ハイデガーのアウグスティヌス解釈を扱った研究のうち、本稿と大筋で似通った解釈を提示しているものとしてダールシュトロームのものを参照（Dahlstrom, 2009）。本稿は、彼が論文末尾で提起している、「『存在と時間』を適切に解釈するためには、われわれは著者が沈黙を守っていることを解釈する必要がある」（ibid., 265）という問題意識と、その答えをハイデガーの『告白』第10巻解釈に求めようとする姿勢を共有し、これを独自に展開しようとするものとなっている。

（4）管見の限り、ハイデガーが「実存」の語を『存在と時間』のそれに通じるような意味で用い始めるのは一九一九／二〇年冬学期講義「現象学の根本問題」（以下「根本問題講義」）の終盤でのことである（GA58, 261）。これは彼がヤスパースの『世界観の心理学』（1919）の書評に取り組み始めた時期と重なる。彼は同書でヤスパースが検討しているキルケゴールの実存概念に触れて、自分の実存概念を彫琢し始めたと見られる（van Buren, 1994, 170）。

（5）　若干込み入った話になるが、筆者が何をどう解釈した結果、彼の実存概念をこのように理解しているのかについて、最低限のことを述べておく。

この時期のハイデガーの実存概念を理解するうえで筆者がポイントだと考えるのは、たとえば根本問題講義に見られる「自己の自発性が完全に発揮された状態（die volle *Spontaneität* des Selbst）」（GA58, 260）や、ヤスパース書評に見られる「『私』の完全な具体化（die volle Konkretion des »ich«）」（GA9, 31）という表現である。どういうことか。

まず両テキストでハイデガーは「私自身をもつこと（Michselbsthaben）」（GA58, 156, 161, 164-7, 185-6, 248, 258; GA9, 29, 31）とか「自分自身をもつこと（Sichselbsthaben）」（GA58, 158, 246, 253, 257, 260; GA9, 32, 34, 36）という用語を好んで用いている。ヤスパース書評によると、彼がこれらの用語で意図しているのは、「私が私自身に自己として出会う根本経験」（GA9, 29）のことである。また根本問題講義では、「自分自身をもつこと」とは、「生が自分自身との一定の親密性を獲得したり喪失したりするプロセス」（GA58, 258）であるとか、「そのうちを生きながら私が私自身にとって理解可能となっているところの、［どこかから］やってきて、［どこかへと］傾いていくこと（ein Herkommen und Vorneigen）」（ibid., 165）であるなどと説明されている。だがこれらはいずれも舌足らずであり、踏み込んだ解釈を必要とする。これにたいして筆者は、ここでいわれる「自分自身をもつこと」とは、「外から動機づけられて（＝「［どこかから］やってきて」）、実際に何かを行うようになるなかで（＝「［どこかへと］傾いていく」なかで）、本文で述べた〈私が自分の方から行おうとしていること〉が、何らかの遂行可能な営為というかたちをとるに至ること（＝「私自身に自己として出会う」「自分自身との一定の親密性を獲得する」「私が私自身にとって理解できるようになる」こと）」というふうに理解している。ここでいう「動機づけ（Motivation, Motivierung）」は、根本問題講義で多数見られるこの語の用法に沿ったものである。

さて、ハイデガーは根本問題講義で、いま述べた外からの動機づけは、「表面的に生きられる」こともあれば「自己の深さにおいて生きられる」こともあると述べている（ibid., 260）。これはいいかえると、「自分自身をもつこと」は、一種の達成度とでも呼べるものをもっているということである。上で触れた「自己の自発性が完全に発揮された状態」は、この達成度が最大になっている状態として語られていると考えられる。これを筆者は、私が自分の方から（＝自発的に）行おうとしていることと、私の実際のふるまいとの間にズレがない状態として理解している。ハイデガーが根本問題講義で実存概念に言及するのは、この文脈においてである。いわく、「究極的な現象とは生き生きとした自己の自発性であり、そこから「実存」の根本意味は汲み取られうる」（ibid., 261）。これを受けて筆者は、彼のいう「実存」を、本文で述べた〈私が自分の方から行おうとしていること〉という意味で理解するのである。いずれにせよ、この時期のハイデガーの実存や自己の概念は、彼によって十分に説明されていない、踏み込んだ解釈を要する概念である。そしてその解釈は、最低でも以上に示した記述を具体的に理解させるものとなっていなければならない。

（6）「私自身をもつこと」や「自分自身をもつこと」という用語については注5を参照。

（7）　ハイデガーは、アウグスティヌスのいう「善」を説明して「›Gutsein‹: eigentliches Existieren!」とか「›Gut‹（Existenz）」と記し

ている（GA60, 238-9）。

（8） アウグスティヌスからの影響にかんしていえば、ハイデガーはアウグスティヌスから何を受け取ったとしても、そこでは脱神学化、神関係の抹消が施されているはずだという想定が、広く受け入れられていると思われる（e.g., McGrath, 2006, 203）。

文献

『存在と時間』からの引用は、SZ、頁数を記す。*Sein und Zeit*, 18. Aufl., Tübingen: Max Niemeyer, 2001. ハイデガー全集からの引用は、GA、巻数、頁数を記す。*Gesamtausgabe*, Frankfurt am Main: Vittorio Klostermann, 1975ff. 『告白』からの引用は、Conf、巻、章、節を記す。訳は山田晶編『世界の名著16アウグスティヌス』（中央公論社, 1978年）による。

Dahlstrom, D. O.（2009）. 'Temptation, Self-Possession, and Resoluteness: Heidegger's Reading of *Confessions X* and What is the Good of *Being and Time?*', in *Research in Phenomenology* 39（pp. 248-265）

McGrath, S. J.（2006）. *The Early Heidegger and Medieval Philosophy: Phenomenology for the Godforsaken*, Washington D. C.: The Catholic University of America Press.

Ott, H.（1992）. *Martin Heidegger: Unterwegs zu seiner Biographie*, New York: Campus Verlag.（1995, 北川東子・藤澤賢一郎・忽那敬三訳、『マルティン・ハイデガー――伝記への途上で』、未來社。）

Philipse, H.（1998）. *Heidegger's Philosophy of Being: A Critical Interpretation*, Princeton: Princeton University Press.

高田珠樹（1996）『ハイデガー――存在の歴史』、講談社。

van Buren, J.（1994）. *The Young Heidegger: Rumor of the Hidden King*, Bloomington & Indianapolis: Indiana University Press.

『善の研究』の体系性

佐野之人

はじめに

西田が『善の研究』に関連した論述に「体系」という言葉を初めて使ったのは、明治四〇（一九〇七）年二月一五日藤岡作太郎宛書簡においてであろう。西田は「実在」編を送った折の手紙で「小生は大体かかる考えを本として哲学の一体系を完成いたし度と存じ候」と書いている。この「哲学の一体系」が何を指すかは判然としない。『善の研究』の「序」には次のように書かれている。

初は此書の中、特に実在に関する部分を精細に論述して、すぐにも世に出そうという考であったが、病と種々の事情とに妨げられて其志を果すことができなかった。かくして数年を過ごして居る中に、いくらか自分の思想も変り来り、従って余が志す所の容易に完成し難きを感ずる様になり、此書は此書として一先ず世に出して見たいという考になったのである。（『西田幾多郎全集』第1巻3頁、岩波書店、1947年、以下1.3のように示す。）

これを読むと西田は「実在」に関する部分を精細に論述することで「哲学の一体系」を完成しようとしていた、とも考えられる。しかし藤岡宛書簡には「実在」編のような考えを本として哲学の一体系を完成したい、と言っているのであるから、その「体系」とは「実在」を本に「善」さらには「宗教」を含んだ「一体系」でもあり得るわけである。

問題は「序」にある「余が志す所」とは何か、である。「実在に関する部分を精細に論述」したものを世に出そうということであろうか。しかし「此書は此書として一先ず世に出して見たい」と言っているのだから、「余が志す所」とは現在目にすることのできる『善の研究』をさらに完成させたものと考えるのが自然であろう。当然それは「実在」「善」「宗教」を含んだものとなる。

小論では西田が著作に関して「体系」という言葉を用いる時につねに「実在」「善」「宗教」から成る「一体系」をイメージしていたことをテキストに即して検証する。[1] 用いるテキストは『心理学講義』『倫理学草案第一』『倫理学草案第二』『純粋経験に関する断章』および『善の研究』である。[2]

第1章　『倫理学草案第二』まで

西田は『善の研究』において「思想の全体」を述べたとの理解を持っていた（「再版の序」）。それがどのような立場におけるどのような学問であるかを調べるために、その成立史を立場と学問に関して調べて見よう。西田は繰り返し学問の分類を行っている。この章では『心理学講義』『倫理学草案第一』『倫理学草案第二』がどのような立場におけるどのような学問であるかを明らかにし、合わせてその立場がどのように深化し、そうして暗礁に乗り上げて行くかを見て行きたい。

西田の立場とそれに基づく学問の分類は『心理学講義』『倫理学草案第一』『倫理学草案第二』『純粋経験に関する断章』および『善の研究』で基本的に変わらない。立場は「純粋経験の立場（立脚点）」であり、学問の分類は『心理学講義』『倫理学草案第一』『倫理学草案第二』では「説明的学問（科学）」と「規範的学問」であり、『善の研究』では「理論的研究」と「価値的研究」となっているが、本質的には変わらない。しかしここには立場に関する深化が見られる。

『心理学講義』では「純粋経験」なる語は「純粋経験の立脚地」という形で一度（16,96）、「純粋経験の事実」という形で二度（16,100）、合計三度現われる。『心理学講義』における「純粋経験の立脚地」を総合的に考察するならば、第一に物体現象と精神現象を独立した実体と見倣すような「凡ての独断的仮定をすて、吾人が直接に知り得る経験的事実に本づきて思索（16,99）」する立場である。この経験的事実が「純粋経験の事実」に他ならない。そうして第二にかかる「純粋経験の事実に於ては物心の両現象として区別すべき者なし。唯同一の経験的事実あるのみ（16,100）」と見る立場であり、第三にそこから物体現象と精神現象が「純粋経験の事実を異なれる視点より観察した（同）」ものと見る立場である。第一が学問的な立場としての、第二が直観としての、第三が反省としての純粋経験の立場と言える。しかし『心理学講義』では心理学の定義を「精神的現象の事実を科学的に研究する学（16,91）」としているため、純粋経験の立場としては学問および反省の立場が前面に出ている。

『心理学講義』には、対照的には論じられていないけれども、「説明的科学（16.94）」と「規範的学問（16.139）」という学問の区別が存在している。「規範的学問」とは美術的想像とか学問的思想といった理想的組織の各人に共通なる一定の標準を論ずるものとされている。そうして「説明的科学」には物理学、化学、心理学、「規範的学問」には論理学、美学、倫理学が配されている。

また「哲学的」と「科学的」の区別も明確であり、「哲学的研究とは宇宙の根本と一致する物の本体を明にし之より演繹的に実地経験に於ける現象を説明せんとする（16.93）」ものである。この哲学的研究は「形而上学」であり「規範的学問」に属することになる。そうして『心理学講義』で講ぜんとする所は「科学的心理学」であるとされる。即ち『心理学講義』では純粋経験の立場に立った科学が論じられている。

同学期の講義である『倫理学草案第一』では「説明的学問」と「規範的学問」の区別が対照的に述べられている。「吾人が実在を説明するに両方面よりすることができる。一つは全く客観的事実と見做し之を記述し其原因結果の関係を明にするのであって、一つは吾人の主観的要求に本づきて客観的事実が之に合うや否やを判ずる（16.155）」とされている。前者が「説明的学問」であり、後者が「規範的学問」である。その上で倫理学の定義を「吾人の行為を価値的方面より研究する学（16.156）」であるとする。『倫理学草案第一』には「純粋経験」なる語は出て来ないが、「実在」を事実と価値の両面から見、そこから二種の学問の成立を説いていることから分かるように、立場としては反省としての純粋経験の立場に立っている。『倫理学草案第二』では純粋経験の立場に立った哲学ないし形而上学が論じられている、と言えよう。

『心理学講義』『倫理学草案第一』ではまず学問的定義がなされていることから分かるように、その立場は学問的であり、したがって純粋経験の立場も学問的、反省的である。ところが『倫理学草案第二』ではそうした学問的な定義に先立って、次のように述べられる。

> 倫理学とは人生の意義を解釈せんとする学問である。
> （16.204）

この定義は「人生の問題（『善の研究』「序」）」が学問に先立って切実なものであることを表現している。『倫理学草案第二』の冒頭はこれまでとは全く異なった切実なトーンで語りだされている。それに伴って学問を「説明的学問」と「規範的学問」を分ける際の「地位」（立場）が「この自己の生活」にまで遡って考察される。

> 吾人はこの自己の生活する実在界に対して二様の位置を取

ることができる。一には実在界に対して単に見者の地位に立つのである。此時に於ては世界は凡て冷静なる論理的判断の対象であって、万象は凡て不可不（must）の法則に従う客観的事実である。…二には自分が実在界の中に入りて活動する作者としての地位より世界を見るのである。此時に於ては主を離れて客なく、万象は凡て客観的対象ではなくして主観的活動となる。…此の如き活動の世界を支配する法則は不可不の法則ではなくして不許不（ought）の法則である。（16, 207）

　ところが西田は「近世の科学者」が規範的学問を説明的学問の一部となさんとする傾向に対して次のように語る。

> 此の如き考は客観的対象が全く吾人の主観を離れて存在すという独断を基礎として之より推論したものであって、若しかかる独断を去り純粋経験（pure experience）の本に立ち返りて考えて見ると、吾人の主観的活動という者が直接に与えられたる動かすべからざる事実であって客観的世界の分離以前に基礎をもったものである。吾人は作者として生れたのであって見者として生れたのではない。（16, 208）

ここにはこれまでと違った「純粋経験の立場」が語られている。それは「規範的学問」が成り立つ立場である「作者の地位」としての純粋経験の立場である。二種の学問を分ける立場が純粋経験の立場であることに変わりはない。しかしこれまではそうした立場に立ちつつ区別の成立を説明する反省の立場が前面に出ていた。それに対してここではそうした区別や反省以前の立場に立ち返っている。『心理学講義』で三度出てきた「純粋経験」が反省の立場、「外から見る」立場を表わすとすれば、『倫理学草案第二』で出てきた「純粋経験」は直観の立場、「内から見る」立場を表わすものと見ることができるであろう。

　こうして『倫理学草案第二』における純粋経験の立場は、それ自身純粋経験の立場において成立する二つの立場の根源でありながら、同時にその二つの立場のうちの一つでもあることになるが、同時にこの二つの立場において成立する二つの学問、即ち「説明的学問」と「規範的学問」（「価値的学問」）とが「相待って実在の完全なる解釈となる（16, 209）」と言われていることにも注意しなければならない。

　こうして『倫理学草案第二』でも純粋経験の立場に立った哲学ないし形而上学が論じられていることになるが、その立場が「作者の立場」へと直接化されているのである。「人生の問題」は「見者の地位」において問題になり得ない。己自身が問題にならないからである。それ故「人生の問題」は「作者の地位」において問題となり得る。しかし人生が問題になるのはすでに無限の境涯を出て有限になっているからである。「人生の問題」とは「有限の人心が無限の境涯を慕う(「現今の宗教について」明治34(1901)年12月、13,81)という矛盾に起因するものであり、そうした矛盾を抱えた「作者」の立場に立った哲学(倫理学)は挫折せざるを得ない。こうして『倫理学草案第二』は悪の問題を抱えたまま暗礁に乗り上げる。それは直観の立場に立った本体論としての形而上学の挫折を意味する。『心理学講義』の「精神現象の哲学的研究」の中に「純粋経験の立脚地よりするも本我の活動よりいかにして種々現象を生ずるかを説明する(16,96)」ものもある、という表現があった。これは物体や精神を本体として仮定しはしないが、純粋経験の事実を唯一の実在としながらも、これを神的理性の一部としての本我から説明するあり方を言っているのではなかろうか。『倫理学草案第一』ではこのような説明の仕方を明らかに行っており、『倫理学草案第二』でもそのような立場に立ちながら[3]、悪の問題をめぐってこの立場に挫折したのである。即ち我々の理性と神的理性の直接的な同一性を主張できなくなってしまったのである。

「作者の地位」とは主観的活動ないし要求の立場である。「規範的学問」がこうした主観的要求に基づくという思想は『倫理学草案第一』と変わらない。さらに言えば『善の研究』でも同様である。「規範的学問」を引き継いだ「価値的研究」は欲求ないし要求に基づいている。西田はこうした要求をも「直接経験の事実」と呼ぶ(1,120)けれども、欲求ないし要求はすでに分裂の立場であり(16,366)、そこに「人心の疑惑」が生じ、人生が問題となるのである。

第2章 『倫理学草案第二』[4]から『善の研究』へ

『倫理学草案第二』は倫理学に相当する部分と「宗教論」とから成るが、どちらも悪の問題をめぐって暗礁に乗り上げている。それはすでに述べたように「作者の地位」それ自身に胚胎する矛盾が顕在化したものである。その矛盾とは「有限の人心が無限の境涯を慕う」ということであり、その場合無限の境涯は「理想」という形を取る。しかし「理想を追う」ということは有限な自己を立てることであるから、この試みはどこまで行っても達成されることはない。これが「道徳の矛盾(16,253)」である。そこで「道徳の極致(16,255)」はこの理想を没するということになるのだが、理想を没しようとすればそこにまた有限な自己を立てざるを得ない。また有限な自己を滅し尽くして、つまり至誠にて行為したとしてもそのように判断するのは有限な自己である。そこでは当然本当に至誠を尽したかという問いが生じざるを得ない。『倫理学草案第二』の倫理学に相当する部分が「或人は至誠にて悪事をなすことなきやという（16.257）」という一文で中断しているのはこうした事情に基づく。

もう一つの「宗教」は自分の力ではどうしようもないから自分以上のもの（神仏）に頼る、という在り方であるが、こちらの場合も有限な自己という立脚点を捨てられない以上、どこまでも悪の問題がつきまとうことになる。そうしてこちらも「Erbsünde（16.266）」の一語を残して中断している。

『純粋経験に関する断章』の宗教関連諸断片はこの挫折を克服せんとする懸命の努力の痕跡である。そこでは基本的に「窮して転ずる（16.433）」の論理が用いられている。全力を尽した所で「自己の無力なることを感じ、之までの安排較計の念を一掃すると共に、自己の心底に偉大なる不可思議の力が堂々として働いて居ることを感得する（同）」ということである。しかしこのやり方も有限な自己が力を尽さんとすればどこまでも有限な自己を立てることになるし、また有限な自己が不可思議の力を感得したと判断するのであればどこまでも疑わしいものとならざるを得ない。

『善の研究』第3編は明瞭に意識された意志の立場で進行するから、有限な自己の立場に立って理想を追うという矛盾を抱えている。そうしてこの矛盾を抱えたまま最後は「善を為せ」「真の自己を知れ」という命令のまま終わっている。即ち「善を学問的に説明すれば色々の説明はできるが、実地上真の善とは唯一つあるのみである、即ち真の自己を知るというに尽きて居る…我々は道徳上に於てこのジョットーの一円形を得ねばならぬ（1.167-168）」とされている。そうして第4編「宗教」が「宗教的要求」を以て突如として始まる。それは「自己がその相対的にして有限なることを覚知」せよ、「絶対無限の力に合一して之に由りて永遠の真生命を得んと欲」せよ、という「大なる生命」の側からの要求である。ここにはこれまで見られたような道徳から宗教への連続性がない。道徳と宗教の間には断絶があり、それ故のあちら側からの宗教的要求の突如性がある。

私はここに西田の気づき、こう言ってよければ根本的な経験があったのではないかと思う。西田は「見神の事実」とか「心霊的経験の事実」と呼んでいるが、こうした経験を西田は思索の内でなし得たのだと思う。そうしてその内実が「純粋経験の事実」に他ならない。それ故に西田は『善の研究』第2編冒頭で改めて純粋経験を唯一の実在として宣言し、それを哲学として語り出し、自ら哲学者になろうと思うことができたのではないか。挫折したままの実在ではそれを唯一の実在として宣言することはできないであろう。また真実在の捕捉を哲学がなしえないとすれば、西田は哲学者にはならなかったであろう。西田は後に述べるように鈴木大拙に自ら哲学者にならんことを告白している。ここには哲学観の転換がなければならない。それを次に確認したい。

第3章　西田の哲学観の転換

少なくとも「人心の疑惑」を書いた明治三六（一九〇三）年までは「人は何の為に生き何の為働き何の為に死するのであるか（13.86）」といった「人心の疑惑」は西田にとって「智識的要求に本づく哲学的問題（13.88）」ではなかった。

しかし西田は『倫理学草案第一』で「凡ての科学は其究極的説明に於て哲学と連結せらるるが如く、道徳的現象の研究も遂に哲学に入らねばならぬ。道徳的善悪は宇宙の本体と如何なる関係を有する者であるか。人間は宇宙の一員であって人生観は世界観の中に包摂せられて説明せられねばならぬ（16.161）」と述べている。また同じ時期西田は明治三八（一九〇五）年三月八日の山本良吉宛書簡で、この形而上学（Metaphysics）の中に「人生の問題」すなわち「metaphysical doubt」を見ている。とは言え『倫理学草案第一』ではmetaphysical doubtとMetaphysicsとの間の軋轢は顕在化していない。

ところが『倫理学草案第二』では本体論的な形而上学と「人生の問題」が衝突するようになる。即ち「神性」と「人間の悪」の矛盾が暗礁に乗り上げている。しかしこの矛盾を通して、西田は哲学における根本的な気づき、経験を得たのではないかというのは先に述べたとおりである。その結果哲学についてはどのように語られることになるのであろうか。

西田は『純粋経験に関する断章』「断片」34で「哲学は単に知識的要求を満足さする者で、真摯なる人生の要求と密接の関係がないように」考えるのは「人生に於ける知識的要求の意味を軽視するに由る」（16.565）と述べる。そうして「深く考える人、真摯なる人は必ず知情意の一致を求める様になる。多くの宗教家や道徳家は自己の領分は哲学的知識を離れて、別にあると主張する。併し大なる宗教や道徳は知識を拒否してはならぬ」（16.567-568）と述べるにとどまらず、「余は更に一歩を進んで、宗教及道徳が哲学を要するというよりも、寧ろ哲学は直に宗教であり、道徳であると考える（16.568）」と述べている。これは「人心の疑惑」における主張とは正反対の主張である。ここに哲学観の転換が認められると共に、ここで西田は哲学者になり得ている。

「人生の問題」を哲学において解決できるとの確信を西田が得たのでなければこのような哲学観の深化はあり得ないだろう。また西田は哲学者になろうとは思わなかったであろう。この問題に解決を得たとの確信があるからこそ、西田は『善の研究』第2編第1章の冒頭で「世界はこの様なもの、人生はこの様なものという哲学的世界観及び人生観と、人間はかくせねばならぬ、かかる処に安心せねばならぬという道徳宗教の実践的要求とは密接の関係を持って居る」と自信を持って語り出すことができたのである。

こうして西田にとって純粋経験の事実が改めて唯一の実在となり得たのであるが、問題はこれをどのように語り出すか、である。形而上学的な本体としてではなく、意識現象として語り出すこと、これが西田が次に考えなければならないことであり、その苦心の表れが『純粋経験に関する断章』の哲学の出立点に関する諸断片であろう。

こうして「疑うにも疑い様のない」「考究の出立点」が「直接的経験の事実即ち意識現象に就いての知識（1.48）」であるとされる。ここでは「知識」の契機が顕在化しているが、純粋経験の「最醇なる者」とは「未だ主もなく客もない、知識と其対象とが全く合一して居る（1.9）」状態である。これは「独立自全の純活動（1.58）」と言い換えることができるであろう。これは反省としての純粋経験でもなく、要求ないし欲求としての純粋経験でもない。端的に反省以前であり、要求以前の「独立自全の純活動」である。しかしこうした純粋経験も宗教を背後に持ち、宗教的覚悟によって実在とされたものである。それ故純粋経験の事実がそれだけで独立したものであればあるほど、それを裏から支えるものは宗教的覚悟であることになる（ただしその宗教的覚悟は西田の場合、見性体験でも念仏でもなく、思索における気づきという形を取ったと思われる）。同様に「実在」編もそれが独立したものであるのは「宗教」編に支えられる限りにおいてである。

第4章 『善の研究』の体系性

西田が実在の問題に解決を得て高らかに「実在」編の冒頭を書き始めたのは遅くとも明治三九（一九〇六）年夏休中であることは、明治四〇（一九〇七）年二月一五日藤岡宛書簡によって明らかである。また『倫理学草案第二』での挫折は明治三九（一九〇六）年三月二五日の日記「今日宗教問題を考う、解決を得ず」までは解決を得ていないから、この間（明治三九年の三月末から夏休みまで）に宗教的覚悟にして哲学的な直観であるような思索における気づきがあったのではないだろうか。それによって西田は純粋経験を唯一の実在として、そこから出立する哲学体系を書き得たのである。

第2編が体系的であることは目次を見ただけで一目瞭然である。しかしこれは単に章立てに関する外面的な体系ではない。第1章では意識現象（形而上学的本体ではない！）を唯一の実在とし、それについての直接の知を「考究の出立点」とし、第2章ではそれについての異論を検討する。第3章ではこの「実在の真景」が主客の対立も、知情意の分離もない「独立自全の純活動」として説明される。第4章ではこの実在の成立する方式が、統覚（思惟、意志、想像）といった我々の意識に上るような発達せる意識から「推す」仕方で明らかにされ、第5章ではこの方式がすべての実在の根本になっていることについて述べられる。第6章ではこうした意識現象としての実在が個人の意識の範囲内に限られないということが述べられており、実質的に「個人あって経験あるにあらず、経験あって個人あるのである」を明らかにした部分となっている。以上が実在そのものについての説明である。第7章からはこの実在から反省によってどのような差別が生ずるかが論じられる。こうして自然（第8章）、精神（第9章）、宇宙と神（第10章）が実在の分化発展として成立することになる。そうして「見神の事実」という宗教的覚悟で終わっている。同時に「神は無限の愛、無限の喜悦、平安である」として「人生の問題」も解決を得ている（ただし第2編の叙述構造としては「見神の事実」は「考究の出立点」での「意識現象の直覚」においてすでに得られており、またその情意において「無限の喜悦、平安」の内にあると見るべきである）。

この編全体が、唯一実在である意識現象についての知である直覚が自ら反省することを通じて分化発展し最後にそれが完成されて再び全体の直観に至る、といった「真実在の成立する方式」に従っていることが分かる。したがって第2編は実質的にも体系という名に相応しいものである。しかしこれだけで体系が完結するならば直ちに次の問題が生ずることになる。即ちこの編全体が意識現象の事実の上に成り立っており、しかも「意志、思惟、想像等の発達せる意識現象(1,64)」の観察に基づいている、ということである。この点については後に「心理主義的」として自らを批判することになる（『善の研究』「版を新にするに当って」昭和一一（一九三六）年、1,6)。そうしてもし「実在」編だけで独立した体系を成すと考えるとするならば、その体系は「現象を出来事と見做し、如何にして此の如き現象が起ったかを説明する(16,93)」「説明的学問」ないし「理論的研究」に属することになろう。それ故「実在」篇がそれだけで独立した体系と見做されるならば、それは反省としての純粋経験の立場に立った科学であることになるであろう。しかし科学的研究はそれだけで独立した立場を持つにせよ、それは哲学に支えられてのことであり、「実在の完全なる説明は、単に如何にして存在するかの説明のみではなく何の為に存在するかを説明せねばならぬ (1,120)」。そうでなければ「人は何の為に生き何の為働き何の為死するのであるか」といった「人心の疑惑」に答えることはできない。それ故体系が実在の完全なる説明となるには「理論的研究」としての「実在」編が、「価値的研究」である「善」および「宗教」編と一つとなるような大きな体系の一側面とならなければならない。そうして反省の立場は直観の立場によって支えられなければならない。

しかしすでに述べたように、「純粋経験の事実」を「意識現象の事実」として語ることの背後には宗教的覚悟を含み得る哲学的な知的直観があり、こうした「経験」によって「事実」が支えられていたのである。またその「経験」はすでに述べたように「人生の問題」に対する挫折を通じて飛躍的・突如的に得られたものである。したがって「実在」編での完結した体系は、「善」および「宗教」編を含む大きな体系に支えられていたのである。このことは西田が明治三九年の夏休みに「実在」編を書き始めた時に前提されていたはずである。

「実在」編の前身である「実在論」は明治三九年の一二月に、「倫理学」は翌四〇年の四月に印刷されている。この「倫理学」は前年度の『倫理学草案第二』とは大きく異なっており、「道徳の矛盾」と中断した「道徳の極致」、それとこれまた中断している「宗教論」を欠いている。もし西田が「道徳の矛盾」を解決できずにこれを隠蔽したのでなければ、この「倫理学」を書いた時には飛躍的・突如的な「宗教」編の開始を念頭に置いていたのでなければならない。しかもこの「宗教」編の飛躍的・突如的な開始こそが西田が気づき得た哲学的な直観である。だとするならば西田が「実在論」を書き始めた時には「実在」「倫理学」「宗教」から成る大きな体系構想はすでにあったのであり、「倫理学」を書き終えた時にはその構想が半ば形になったと言ってよい。

冒頭に挙げた明治四〇年二月一五日藤岡宛書簡は「倫理学」印刷（四月）への途上にあるが、そこで口にされた「哲学の一体系」とは「実在」「倫理学」「宗教」を含んだ大きな体系以外ではありえない。では何故そのような体系を世に出さずに「特に実在に関する部分を精細に論述して、すぐにも世に出そうという考」を持ったのか。すぐにも世に出たいと思うようになったからである。すでに見たように「実在」編は小体系の体裁を持っている。そこに藤岡宛書簡の六日後の二一日に、得能文から『哲学雑誌』への寄稿の勧めがあった。そこでその序言にあるように「固より公の雑誌などに出す積りではなかったが友人の勧もあり又自分も他日斯くの如き考を厳密に組織して見たいと思うにつけ、不完全ながらも大体の思想だけでも人に見て貰ろうて教を受ける方が自分の益であると考えたから遂に此の雑誌の余白を汚すこととした(1, 462)」のである。「斯くの如き考を厳密に組織して」「すぐにも世に出そう」と考えたのであるが、「病と種々の事情とに妨げられてその志を果すことができなかった」のである。[5]

この後西田は四月二六日に二一日に印刷したばかりの「倫理学」を藤岡に送付しつつ「小生も近来は多少自己の考とも申すべき様のものでき今後全力を尽してこれを組織して見んと思い居り候」と記している。この「組織」は先の「組織」

とは異なり、「倫理学」を含む大きな体系である。以上の考察によって西田が「実在」編を書き始めた時から大きな体系を念頭に置いていたことが明らかになったと思う。

西田は「実在に就いて」を送付した後に書いたと思われる鈴木大拙宛書簡（明治四〇（一九〇七）年七月一三日）で「一冊の著作」ということを口にし、しかもそれがどのようなものであるかについても述べているので、最後にそれについて確認しておこう。西田は次のように述べる。

余の先度送った者は全く scientific の者だ。余は宗教的修養は終身これをつづける積りだが、余の働く場所は学問が最も余に適当でないかと思うが、貴考いかん。今では病気も一通り平癒したから、これからまた一ツ思想を練磨して見たいと思うている。できるならば何か一冊の著作にして見たいと思う。これまでの哲学は多く論理の上に立てられたる者であるが余は心理の上に立て見たいと思う。近来 James 氏などの Pure experience の説は余程面白いと思う。氏は Metaphysics をかくというがまだ出来上がらぬか。

scientific に上田閑照は「学問的」という訳語を添えている[6]が、ここは「科学的」という意味に解したい。すでに述べたように「実在」編だけで独立させるならば、それは意識現象という事実の上に成り立つ説明的科学である。その点を念頭に置いて「全く scientific の者」と評しているのであろう。またこの書簡は大拙に対して自分が哲学者になることを始めて表明したものとしても注目を引く。すでに述べたように西田はすでに宗教的覚悟を自らの内に含む哲学的直観を得て哲学者になり得ている。ここでは宗教的修養を終身つづけながらそうした哲学を自らの働く場所とするその決心を大拙に告白しているのである。「これからまた一ツ思想を練磨して」とあるが、これも四月二六日藤岡宛書簡より考えれば大きな体系を組織することを目指していることは明らかであろう。その体系とはいきなり本体論としての哲学（形而上学）を始めるのではなく（「論理」の上に哲学を立てるとは、規範的哲学即ち形而上学をいきなり始めることである）、単に「意識現象の事実」という「心理の上」に学問を立てることでもなく（それは哲学ではなく、科学である）、事実を支える経験の上に、換言すれば意識現象の事実を支える宗教的哲学的経験としての「心理」の上に哲学を立てるということである。心理の上に哲学を立てるとは、こうした Pure experience の上に Metaphysics を立てることに他ならない[7]。それは意識現象の事実から始める理論的研究（科学）である第2編の上に、価値的研究（哲学）として第3・4篇を論じ、それによって第2編を根拠づけるということである。こうした「一冊の著作」の構想が翌明治四一（一九〇八）年一月三日の「余はこれより『実在と人生』という書を書いて見ようと思い、その始を考えた」という題名の選定へと繋がり、最終的に「此書を特に「善の研究」と名づけた訳は、哲学的研究が其前半を占め居るにも拘らず、人生の問題が中心であり、終結であると考えた故である（『善の研究』「序」）」に至るのである。

註

（1）藤田正勝は『善の研究』（改版、二〇一二年）の「解説」で、『善の研究』が実在編をもとにした体系構想から、次第に善を含めた体系構想、さらに宗教を含めた体系構想へと発展したと見る説を展開している（353-356頁）。本発表はこの「解説」に多くを負っているが、ここではそれとは反対に西田が実在編を書き始めた当初から「実在」「善」「宗教」から成る体系を念頭に置いていたという説を展開したい。著作としての『善の研究』の体系構想を成立史的実証的に考察した先行研究は、上述の藤田のもの以外に見当たらない。なお純粋経験そのものの体系性については稿を改めたい。

（2）『心理学講義』と『倫理学草案第一』は明治三七（一九〇四）年九月から明治三八（一九〇五）年六月までの年度の講義用、『倫理学草案第二』は明治三八（一九〇五）年九月から明治三九（一九〇六）年六月までの年度の講義用、『善の研究』の「実在」編と「善」編は明治三九（一九〇六）年九月から明治四〇（一九〇七）年六月の年度の講義用である。「実在」編のもとになるものは始め「実在論」と呼ばれ、明治三九年一二月に印刷されている。「善」編のもとになるものは「倫理学」と呼ばれ、翌四〇年四月に印刷されている。『純粋経験に関する断章』は若干京都時代のものと思われるものが含まれているが、多くは『善の研究』を書くための断章と考えられる。

（3）『倫理学草案第二』では「吾人の理性は此の神的理性の一部にすぎない（16,178）」と述べられている。また『倫理学草案第二』では「理想は何處より出で来るか。宇宙の本体より直に現われ来るのである（16,229）」と述べられている。

（4）『倫理学草案第二』の挫折から如何にして『善の研究』が成立したかについては、平成二九年七月一六日開催の西田哲学会第一五回年次大会での発表（「何故西田は『善の研究』において道徳から宗教への移行を語らなかったのか」）で詳しく論じた。

（5）西田は明治四〇（一九〇七）年三月の始めより乾性肋膜炎を発病している。

（6）『西田幾多郎随筆集』上田閑照編、岩波文庫、一九九六年、318頁。書簡に用いられている語については時代状況、人間関係を考慮に入れなければならない。大拙への「実在に就いて」の送付が他の知人と比べて大幅に遅れていることにも注意が必要である。大拙はそれまで一方で哲学に対し厳しい批判をしながら、他方でジェイムズの心理学を評価していた。さらにその背景には19世紀における心理学の科学化の趨勢がある。この語（scientific）はそうした状況の下で用いられている。しかし書簡で用いられた語が西田自身にとってどのような意味を持っているかはまた別の問題である。「氏はMetaphysicsをかくというがまだ出来上がらぬか」とあるように、明治四〇（一九〇七）年当時、西田が知る限りのジェイムズ流の科学的心理学に西田は決して満足していない。

（7）「断片」32は京都時代のものと思われるが、そこには「psychologischer Zustandより始めよう（併し普通のPsychologieではない）（16,554）」や「psychologische Tatsacheを以て始む（16,555）」といった表現が見られる。

初期ドゥルーズにおける存在論と合目的性——『経験論と主体性』を中心に

得能想平

本稿は、ドゥルーズのもっとも初期の著作の一つである『経験論と主体性』を読み直すことで彼の存在論の一端を素描することを試みるものである[1]。ドゥルーズが、ベルクソン論や『差異と反復』において同一性に還元されない潜在性の存在論を展開していることはよく知られているが、ヒューム論において存在論を論じていたことについてはこれまであまり注目されてこなかった。われわれは、ドゥルーズの哲学的キャリアのごく初期に書かれたヒューム論に見出される存在論とその導出過程に注目することで、これまでとは異なる観点からドゥルーズの存在論の一側面を描き出すことを目指す。結論をあらかじめ述べておくならば、われわれは、行為する主体がある種のエネルギーとして存在するというテーゼを確認することになる。

『経験論と主体性』の議論の大枠については、共通見解がある。ヒューム哲学のうちに「所与からどのようにして主体が構成されるか」という問題を見いだし、その前提となる「関係の外在性」の論点を経由することで、「受動的に構成されたものとしての主体のあり方」ないし「認識に対する実践の優位」を示すというものだ（Boundas, 1991; Bell, 2005; Roff, 2009; 米虫, 2010）。そして、例えば「関係の外在性」はのちの『差異と反復』における「微分」の概念に結びつき、「受動的に構成された主体のあり方」は、ガタリとの共著における『アンチ・オイディプス』の存在論の先駆けとみなされる（Roff, 2009）。

われわれはこの共通見解を認めるが『経験論と主体性』における別の問題、つまり「合目的性（finalité / purposiveness）」の問題に注目したい。ドゥルーズによれば、合目的性の問題とは、「所与の起源にある諸能力」と「所与の中で主体を構成する諸原理」という異質な諸要素の「合致（accord）」の問題であり（ES 123）、この問題が「真の形而上学」、つまり「われわれの行うこと」に関わる「存在するものの理論」を提供するとされる（ES 152）。上記の共通見解との関係で言えば、合目的性の問題とは、「所与からどのようにして主体が構成されるか」という問題を経由し、存在論を提出する議論である。

合目的性の問題は、『経験論と主体性』において中心的と見なされてきた主体の構成の問題をそのうちに含む高次の問題であるから、『経験論と主体性』の意義を考えるうえで重要なものであることには疑いない。しかし、この問題が先行研究においてほとんど見過ごされてきたことにもそれなりの理由がある。第一に、合目的性という言葉はヒューム哲学のうちにそのままの形では見出されない。第二に、帰結として提示されるはずの存在論の内実が結論において示唆されるだけにとどまる。われわれは、この二つのことがらに対応する以下のような問いに答えることで議論を進めたい。ドゥルーズはどのような文脈において、そしてなぜ合目的性の問題をヒューム哲学に読み込んだのか（第一章）、合目的性の問題から帰結する存在論とはどのようなものか（第二章）。最後に結論として、見出された存在論と他の著作との関係を確認する。

第一章

『人間本性論』の仏訳者であるアンドレ・ルイ・ルロワは、『経験論と主体性』の書評の中で次のように述べる。「彼［ドゥルーズ］は、カントの語彙においてこそヒュームの問題を定式化する。［例えば］どのようにして精神は主体になるのか［という問い］。主体はヒュームの用語ではない」（Leroy, 1958, p.393）。ルロワはこのような観点から「知性主義」の影響を残したヒューム解釈を行った点でドゥルーズを批判している。われわれは以下でこのドゥルーズの「知性主義」的なヒューム解釈の含意を明らかにする中で、合目的性の問題が読み込まれた文脈と理由を論じたい。

ドゥルーズのヒューム解釈の先駆者とは誰であったか。幾人かの人物の名を挙げることができるが[2]、その中でドゥルーズにもっとも影響を与えたのは、ドゥルーズが通っていたのと同時期にソルボンヌ大学で講義を行っていたジャン・ラポルトであるように思われる。彼は、一九三三年とその翌年に「ヒュームの懐疑論」と題された二本の論考を執筆しており（Laporte, 1933）（Laporte, 1934）、これはのちに『抽象の問題』で展開される彼自身の反合理主義的な立場の基盤をなすものでもあった。その内容を簡単にまとめておこう。一本目は、ノーマン・ケンプ・スミスによる自然主義的なヒューム解釈を経たうえでのヒュームの懐疑論のあり方を問うものである。ラポルトは『人間本性論』の記述に照らしながら、ヒューム哲学における理性的なもの、つまり七種の哲学的関係を、感情ないし生気といった主観的なものに由来するものとして示す。そして、このことから客観的な理性の存在を前提とする「合理性」の考え方――当時のフランスの合理主義者たちを念頭においたものであろう――を空虚なものと批判し、これをヒュームの懐疑論的立場と同一視した。後半部にあたる二本目は、その帰結である主観的な感情の哲学、彼の言葉で言えば「感情の独断論」を展開するものである。ラポルトは、近接、類似、習慣によって、印象における生気が観念のうちに配分され、信念が生産されるというプロセスを確認することで、すべての諸学が合理性ではなく「本能」に根拠をもつことを示すものである。ドゥルーズがヒューム哲学のうちに認識に対する実践の優位を見て取った点、さらに「所与からどのようにして主体が構成されるか」という問題を読み込んだ点を思いおこすならば、ドゥルーズがラポルトのヒューム解釈を踏襲していることは明らかである。

ところで、当時のドゥルーズはある種の遠近法主義に基づいた哲学を目指していたように思われる。『経験論と主体性』に先立つ「マテシス、科学と哲学」というテクストは、インドにおける普遍学の在り方についての書物の仏訳に付された序文としてドゥルーズによって書かれたものであるが、ドスが指摘するように、単に書物の内容を要約するものではない(3)。むしろインド的な普遍学と通底する「西洋的心性」の「根本的な欲求」をデカルトと結びつけながら論じるものであり(LA 288)、ドゥルーズの哲学的企図の現れとしても読むことができるものである。彼はここで西洋におけるあるべき思想(マテシス)を、個体性と普遍性の関係から以下のように論じている。あるべき思想は、「生ける人間の水準」つまり実践的な「個体性」に関わるものでなければならないが、その個体性は、普遍的な共通の世界の実現として理解されてはならず、むしろ共通の世界こそがその個体において「他者と共通の尺度をもつことなしに」実現されなければならない(LA 291)。要は、生きる個体を出発点とし、そのような個体にとって違った仕方で現れる普遍的な認識を認める思想こそがあるべき思想とされる。ドゥルーズがこのような哲学を構築しようとしたとき、客観的なすべての認識が主観的な感情に基づいて構成されるとするラポルトのヒューム解釈は、彼に絶好の参照項を提供するものであっただろう。

注目すべきは、ドゥルーズがこのような遠近法主義から出発したあとで、「集団的かつ最上の知」としての普遍的なものの定義が、最後に厳密な意味でたてられねばならないということを強調する点である(LA 290)。ドゥルーズは、個々の人間においてそれぞれの仕方で分有される普遍的な知を肯定した後で、そのような人間を可能にしている「一性」ないし「無限」としての普遍性という論点を提示する（LA 292）。われわれは、ここに部分的にしか共有されない普遍的な知が存在することそのものの条件を問うドゥルーズの姿を見出すことができる。このような遠近法主義を前提としたうえでの普遍性の在り方を問う問題設定の延長線上にこそ、『経験論と主体性』の合目的性への注目があるとわれわれは考える。

合目的性に関する基本的なことがらを確認しておこう。合目的性には二つの意味があるとされ、手段が目的にかなっている場合には手段が合目的的であると言われ、諸部分が全体に対して適応している場合、諸部分が合目的的であると言われる（Lalande, 2006）。本稿が問題にする合目的性は後者であり、世界全体の秩序とその部分の秩序との関係が、世界の予測不可能性や人間の有限な知性の問題と重ねあわされて論じられる。ヒューム自身は、確かに合目的性という語を直接用いることはないが、同種の内容についての議論は『自然宗教に関する対話』のうちに見出される。その中では、世界全体の秩序といった考え方は一貫して批判されるが、最終章において有神論が肯定しなおされているように見え、解釈上の争点を作っている(4)。

注目すべきは、ラポルトもルロワも『自然宗教に関する対話』を合目的性という語を用いて解釈している点である。ラポルトは、『対話』の主要部の議論を引用し、ヒュームをあらかじめ定められた世界全体の秩序を前提とする合理論的な合目的性の考え方を批判する哲学者とみなした（Laporte, 1933, pp.122-124）。ルロワは、本能と同一視される主観的感情に基づいた信念の構成を認めることから、合理論的合目的性とは異なる、「生物学的合目的性」を人間と世界のあいだに見いだす哲学者と見なした（Leroy, 1953, p.305）。つまり、合目的性は、当時のフランスにおいて古典的な哲学者のうちに読み込まれるべき主題の一つと見なされていたといえるだろう(5)。そのため、ドゥルーズの解釈の特色は、合目的性をヒューム哲学のうちに読み込む点ではなく、むしろヒュームに読み込んだ合目的性を存在論に結びつける点にあると言えるだろう。

ドゥルーズの解釈において、合目的性と存在論の結びつきを可能にしているものは、「人間本性の原理」への注目である。ラポルトの解釈においては、生気を観念に配分する原理として、近接、類似、習慣に注意が向いていた（Laporte, 1934, p.188）。しかし、ドゥルーズはこの論点を「連合原理」として維持したまま、さらに別の仕方で生気を配分する「情念原理」を付け加え、これらを合わせた二種の「人間本性の原理」による主体の構成を強調する。

このような用語の移動、つまり人間の心が原理によって規定されているということがらの強調は、カントが用いた合目的性の議論をヒューム哲学のうちに持ち込む役割を担っているように思われる。ドゥルーズは、『純粋理性批判』第一版における「超越論的演繹」における辰砂の例を用いて、カントを「経験の主体のために諸表象の結合を統制している諸原理と同種の諸原理」と「《自然》」との合致を示した哲学者として描いている（ES 124）。

議論は次のようなものである。辰砂がそのときに応じて赤かったり黒かったり、軽かったり重かったりするのであれば、われわれが実際に共有している赤くて重い辰砂という観念を思考において受容する機会はないだろう。言い換えれば、辰砂そのものがそもそも規則性を持たないのであれば、「赤くて重い辰砂」というわれわれが共有している一般観念が成り立つはずがない。このことから、感性的に与えられるものとしての「《自然》」は、思考に関わる諸原理によって規定されることになる。ドゥルーズがヒュームに読み込む合目的性の議論も同様な推論をたどる。つまり、生気を配分することで信念を構成する「人間本性の原理」が、そもそも「《自然》」と合致することとなければ、「明日も太陽は昇るだろう」といった信念が実際に確かめられうるような現実を説明できない[6]。したがって、「《自然》」は「人間本性の原理」によって規定される。このような意味で『経験論と主体性』における存在論の議論とは、観念ないし思考を秩序づける原理がそのまま存在の特徴を示すという形で展開されることになる。

しかし、ドゥルーズがラポルトとは異なり生気を配分する二種類の原理を強調することで、合目的性の存在論は難点を抱えることになる。原理がそのまま存在の特徴を示すのであるから、存在は「連合原理」的な側面と「情念原理」的な側面を持つことになり、「一つの全体」として機能する心をとらえることができないことになる（ES 136）。われわれはここに、先に見た個体性から出発することをあるべき思想とみなすドゥルーズの姿を重ねることができる。あくまでもおのおのの主体は、存在としてその差異を維持した一としてとらえられねばならない。このような観点からドゥルーズは次のように述べる。

「合目的性、換言すれば、主体が、所与に、所与の諸能力に、《自然》に合致するということが、そのように異なる表現でわたしたちに提示されるのは、それらの表現が、それぞれ、主体のひとつの契機、ひとつの段階、ひとつの次元に対応しているからである。主体性のさまざまな契機をつなぐ絆に関する実践の問題は、合目的性を主張するための条件となっているがゆえに、その主張に先立っていなければならない。したがってわたしたちは、心のなかでの諸原理の一般的な作用の諸契機に再度言及し、それらの契機のそれぞれにおいて連合原理と情念原理との統一、すなわち主体にその継起的な構造を与える統一を探しもとめねばなるまい」(ES 126)

諸原理と存在の合致を合目的性として示すためには、主体に構造を与える「連合原理」と「情念原理」の統一が、主体のおのおのの契機において探究されねばならない。これこそが、合目的性の観点から見た「所与からの主体の構成」の問題である。要は、この諸原理の統一の問題を解決したあとでこそ、存在を特徴づける真の原理のあり方が現れるとドゥルーズは見ているのである。

ドゥルーズは、合目的性を存在に結びつけるために、ヒューム解釈のうちにカント哲学的な語彙を導入した。ルロワに関係づけて言うのであれば、彼の「知性主義」的なヒューム解釈は、ルロワが提示する「生物学的合目的性」を存在論にまで拡張するために加えられた読み込みである。さらにこのような試みは、遠近法主義を認めたうえでの普遍的なものの在り方を問うドゥルーズの哲学的な企図に重ねあわされるものでもある。われわれは次章で、そのような試みを条件づけている連合原理と情念原理の統一の問題を扱いたい。

第二章

本章では、「所与からどのようにして主体が構成されるか」という問いに対するドゥルーズの答えを大まかに確認することで、存在を特徴づける真の原理のあり方を論じたい。ドゥルーズは主体のあり方を三つの契機に分けているように思われる。われわれは、それら三つの契機と「人間本性の原理」がそこで果たす役割を確認することで、所与からの主体の構成を確認し、その結果としての存在論を確認する。

まずは、この問題に関わる基本的な前提について確認しておきたい。『経験論と主体性』における「所与」と「主体」とは、ドゥルーズがヒューム哲学に読み込んだカントの用語であるが、この区別は、『人間本性論』第一巻で問題にされる「知覚」と「信念」の関係に、さしあたり重ねあわせることができるものである。つまり、「所与」とは、「生気」の有無によって区別される印象と観念の集まりであり、言い換えれば「目の前にあるこれ」に代表されるアクチュアルな印象とそれに伴う規則性のない観念のことを指す。他方で「主体」とは、そのような「目の前にあるこれ」の中にその根拠を見いだすことができない必然性を伴った「信念」(カエサルは死んだ、ローマは存在した、太陽は昇るだろう、パンは自分の栄養になる)であり、最終的にこれは人間の言語使用と相関するものとされる（ES 112-113）。一般的なヒューム理解において、「信念」は、連合原理によって、印象から「勢いと活気」が伝えられた「活き活きとした観念」、つまりその内容の変化なしに思い抱き方のみが変化した「観念」と捉えられる。したがって、所与からの主体の構成の問題とは、「所与」に備わっている生気が、「人間本性の原理」にしたがっていかにして観念に伝達されるかという問題と見なすことができる。

ドゥルーズの解釈は、「主体」と呼ばれるもののうちに「信念」以外のものを取り込むことで、『人間本性論』全体を一貫して解釈しようとする野心的なものであった。[7] ドゥルーズの解釈は、目の前の現れに含まれていないものを肯定させる理論的認識としての「信念」だけでなく、『人間本性論』第二巻以降で扱われる「行為」や、自己の利益に制約されない「道徳的判断」を、「主体」の能力のうちに含めるものである。要は、信じ、行為し、道徳的判断をおこなう主体のそれぞれの側面が、二種の人間本性の原理によってどのように構成されるかということがドゥルーズのヒューム解釈の問題である。われわれは生気の伝達という側面にのみ注目して、このプロセスを確認したい。

行為する主体についてのドゥルーズの解釈を確認しよう。行為する主体とは、「目的」と「手段」として生気が配分された心を指す。[8] その構成は以下のプロセスでなされる。まず、所与に含まれる快ないし不快の印象が情念原理によって選ばれ、「反省の印象」によって独特の思い抱き方を可能にする「生気」が分配されることで、選ばれた印象が心の中で「目的」の役割を果たすようになる。さらに、印象の中でも他のものよりも重要なものとして与えられた「目的」の知覚から、連合原理によって、関係する観念に生気が伝達され、これらが「手段」の知覚を形成する。要は、情念原理による生気の配分に依存して連合原理の生気の配分が行われることで、「手段—目的の連関」としての行為する主体が構成される。

このような主体の行為は、すべてが主観的な感情によって左右されることになるように見えるかもしれない。しかし、ドゥルーズは、行為する主体と、自己の快のみを追求する主体が区別されることを強調する（ES 24-25）。というのも、共感の原理を認めることで、他者の情念、つまり他者の「目的」や「手段」も感得することができるとされるからである。ドゥルーズによるならば、行為する主体とは、連合原理が時間的空間的に制限する範囲内において、この共感の原理が作用する「偏った」主体である。

ところで、行為する偏った主体同士はみずからを保存するために（ES 101）、社交的になる必要がある。つまり、みずからの利害を守るために、「一般的観点」に立つ必要がある

（ES 49）。ドゥルーズにとってヒュームの道徳的判断をおこなう主体とはこれである。ところでその構成はどのようになされるのだろうか。ドゥルーズは、行為する主体が道徳的判断を行うようになるためには、共感によって与えられた情念が、「連合原理に服従した想像力」のうちで「反響」し、全体としての図式を生産することが必要だとする（ES 39）。ドゥルーズは、これ以上の詳細な説明を行わないのでその内実をくみ取ることは難しい。われわれは「想像力のうちの反響」という事態を理解するための補助線として、ラポルトのヒューム解釈をあらためて参照してみよう。

ラポルトによれば、「意識」は、印象の側に「極性化される」（Laporte, 1934, p.216）。つまり、諸原理によって生気が配分された観念の一部は印象と区別がつかなくなり、これが実践的な認識を構成する。ここで、行為の主体を構成した「人間本性の原理」の働きが、生気づけられた観念を印象と同化させたととらえてみよう。ところで、それでもまだわれわれの心には、生気を伴わない部分、つまり観念の領域が残っている。この観念の領域において、連合原理には服従しているが情念を反省的な仕方でとらえることを可能にする心のあり方が成り立つと考えてみることにしよう。われわれは、ラポルトの「極性化」のアイデアを参考にすることで、情念が想像力のうちで反響するとは、印象と同化された行為する主体の影響を受けて、諸観念が穏やかな仕方で生気づけられることと解釈する。

理論的認識を行う主体は、行為する主体と道徳的な判断を下す主体に従属する形で構成されるものと見なされる。ドゥルーズの解釈によれば、理論理性としての信念は、連合原理によってのみ秩序づけられている想像力を指す（ES 20）。そして、この理論理性は行為する主体ないし道徳的判断を行う主体を「感情性」として前提としている（ES 137）。要は、想像力の「反響」が生産する「全体」に対して、その「部分」を規定する「外延的図式機能」とされることになる（ES 144）。

これらのプロセスをまとめるならば、ドゥルーズの示唆する真の原理のあり方とは、生気を個体にとって重要なものに配分し、その反響を作り出すそのような原理と言えるだろう。まず所与は、情念原理によって生気づけられることで目的が与えられ、その周辺がさらに連合原理によって秩序づけられることで行為する主体を形成した。次に、行為する主体は生気づけられることで印象と同化していたが、その情念が観念において反響することで想像力に全体性と穏やかな情念を与え道徳的判断を可能にした。さらに、道徳的判断に関わるそれぞれの部分に対して理論的認識がなりたつ。われわれは、感覚の印象とともに与えられた生気が、最初に情念原理によって配分され、その次元を変えながら、観念を秩序づけていく様子を確認したといえるだろう。ドゥルーズは、このような秩序づける働きとみずからを反射させる働きをそれぞれ情念原理の二つの区別、直接情念と間接情念のあり方と対応させようとしている（ES 132-136）。

この結果を合目的性の議論に適用するとどうなるのだろうか。前章で確認したように、合目的性の議論とは、統一された人間本性の原理は、そのまま存在の一特徴をなすというものであった。したがって、秩序づけながら反響する生気が主体を構成するのであれば、存在も同様の仕方で、つまり反響し秩序づけるエネルギーとして規定される、これが本章の結論である。確かにドゥルーズは、『経験論と主体性』の結論においては存在論の内実を語っていないが、その途中で以下のようなエネルギーの存在論のイメージを与えている。「主体とは、精神の厚みのなかでの諸原理のしだいに深みを増す共鳴、反響にたとえられるべきものである」（ES 126）。われわれはここにこそ、『経験論と主体性』の結論としての存在のイメージを見いだすべきだと考える。

結　論

ドゥルーズは遠近法主義を前提とする普遍性のあり方を探し求め、ヒューム解釈のうちに、反響する生気ないしエネルギーが存在するというテーゼを見いだした。これが本稿の結論である。ドゥルーズは『差異と反復』以降において、同様の強度の存在論を展開することはよく知られているが、『経験論と主体性』において読み取られるこの存在論を同等のものとして一つの哲学的な立場として正当化するには、いまだ多くのことが不足しているように思われる。

まず、エネルギーは存在の一特徴を示すのであって、そのすべてを明らかにするわけではないという点について考える必要がある。合目的性の議論に基づく存在の規定は、あくまでも存在の一特徴を明らかにする部分的なものであって、起源的な存在そのものを明らかにするといったものではない。だからこそドゥルーズは合目的性による存在の思考は「もっとも貧困でもっとも空虚」だと断わっているのである（ES 152）。例えば、一考しただけでも反響するエネルギーは、それが存在するためには反響される対象、本稿の議論で言えば「所与」にあたるものも何らかの仕方で存在として定立される必要があるだろう。千葉の研究は、『経験論と主体性』に潜んでいたこの「所与」の存在論の含意を、ドゥルーズの他の著作と結びつけながら展開したものと読むことができる（千葉, 2013）。われわれはこのような解釈の方向性に賛成するが、エネルギーの存在論と所与の存在論の関係について語るためには、また別の詳細な議論を必要とするだろう。

本稿は、ドゥルーズの存在論に関する「直観」の方法に対比されるもう一つの方法としての「合目的性」の方法を見たといえるだろう。よく知られている通り、『経験論と主体性』を書いたのちドゥルーズは、ベルクソン哲学を「直観」の方法という観点から読み解き、自身の存在論的な立場を導きだす二つの論考「ベルクソン、1859-1941」と「ベルクソンにおける差異の概念」を書いた。ドゥルーズによれば、ベルクソンの提示する概念は、イギリス経験論と通じているが、ただし二人は方法が異なるとする（ID 42）。われわれは、ここにドゥルーズの存在論に関する二つのアプローチを見出すことになる。

以降のドゥルーズの著作において、ヒュームの影響に比べて、ベルクソンの影響がはるかに大きく見えるにしても、「合目的性」の方法が「直観」の方法にとって代わられ放棄されたとみることは誤りである。われわれはドゥルーズがカント論において、この「合目的性」の方法をより豊かな仕方で展開するのを見ることになる。『経験論と主体性』において、ヒュームとカントは対立させられていたにもかかわらず、ドゥルーズがカント論に読み込む結論は『経験論と主体性』のそれと近しい[9]。われわれは、米虫が経験論に関して述べたように、合目的性についてもドゥルーズのカントやニーチェの再解釈のなかで、展開していくのを見ることになるだろう（米虫, 2012）。ドゥルーズにおける合目的性の問題の展開や、二つの方法論の関係性を論ずることは今後の課題としたい。

註

（1） 本稿は、関西哲学会第七〇大会（二〇一七年）での個人研究発表「初期ドゥルーズを読み直す――『経験論と主体性』を中心に」を改題し加筆修正を行ったものである。

（2） ラポルトとルロワ以外には、初期フッサールとヒュームの近さを論じたガストン・ベルジェと、長大なヒューム論がルロワの書評によって知られていたノーマン・ケンプ・スミスがいる。これら四人に関しては、ドゥルーズのヒューム講義等で名前が挙げられている。さらに、ドスの伝記において、ドゥルーズがラポルトのヒューム論に共感していたことに関する記述がある（Dosse, 2007, p.138）。

（3） Dosse, 2007, p.126を参照。ただしドスは、ドゥルーズ哲学に一貫する「あらゆる下位区分を包摂した生の哲学から出発する一元論」というテーマを読み取っている。

（4） この問題の近年の解釈としては、例えばColeman, 2007を参照。ドゥルーズの解釈は、ヒュームの宗教的な「用心深さ」を理由とする解釈を認めながらも、デメアが去ったあとのクレアンテスとフィロの対話にそれ以上の含意を認めるものである（LA 160-168）。

（5） 合目的性が、哲学史的考察の主題とし見なされていたことには、オクターヴ・アムランの『表象の主要要素についての試論』に関わっていると思われる。合田の指摘（合田, 2000）及び、Laporte, 1933, p.126、Alquié, 1943, p.74も参照。ラポルトもアルキエも、アムランのうちに合目的性の思想家をみている。

（6） この点についての明確な記述は「ヒューム講義」における神人同型説の再導入の議論において確認できる。LA 168を参照。

（7） このような解釈は、必然性の観念が思い抱かれた際の「感じ」、

「情念」、さらに道徳的評価の際に抱く「感情」、これらすべてを、感覚の印象に由来し反省の印象によって付与された生気として画一的に扱う前提のもとでのみ可能である。この点に関しては、ラポルトも含め、ケンプ・スミスの影響が見られる。ドゥルーズも言及なしに参照する信念と共感を並行的なものと見なす解釈については、Kempsmith, 1941, pp.169-177 を参照。

（8） われわれは以下の箇所の記述を生気の動きに注目して再構成している。「情念原理によって、快はひとつの目的となり、こうして行動はおのれの原理を得ることになる。つまり、情念の原理によって快の遠近法がわたしたちの行動のひとつの動機になるのだ。そこから、行動と関係の絆が見てとれる。行動の本質は、手段―目的の連関にある。行動するとは目的を実現するためにもろもろの手段を按配することである」（ES 141）。さらに、ES 127-132 で詳論される原理の選択的役割と構成的役割の区別も参照。

（9） 「判断力批判における二つのテーゼの重要性はここに由来する。そのテーゼとは、諸能力の合目的的一致が、特別な発生の対象であるということ、そして、《自然》と人間の合目的的関係は、厳密に人間的な実践的活動の帰結であるということ、これら二つに他ならない」（PCK 99）。二つのテーゼのうち後者のものは、ヒューム論の結論と同じである。

参考文献

ドゥルーズの著作の引用に関しては以下の略号を用い、その頁数とともに指示する。

Empirisme et subjectivité, PUF, 1953.（ES）

La philosophie critique de Kant, PUF, 1963.（PCK）

L' île déserte et autres textes. Textes et entretiens 1953-1974, éd. préparée par David Lapoujade, Minuit, 2002.（ID）

Deux régimes de fous et autres textes. Textes et entretiens 1975-1995, éd. préparée par David Lapoujade, Minuit, 2013.（DRF）

Lettres et autres textes. éd. préparée par David Lapoujade, Minuit, 2015.（LA）

Alquié, Ferdinand. *Le désir d' éternité*, PUF, 1943

Bell, Martin. "Transcendental empiricism?: Deleuze's reading of Hume.", in Marina Frasca-Spada, and P. J. E. Kail, ed. *Impressions of Hume*. Clarendon Press, 2005, pp. 95-106

Boundas, Constantin V. "Deleuze, Empiricism, and the struggle for Subjectivity" in *Empiricism and subjectivity: an essay on Hume's theory of human nature*. Columbia University Press, 1991, pp. 1-19

Coleman, Dorothy. "Introduction" in *Dialogues concerning Natural Religion and Other Writings* ed. by Dorothy Coleman, Cambridge University Press, 2007, pp. xi-xl

Dosse, François. *Gilles Deleuze et Félix Guattari : Biographie croisée*, La Découverte, 2007.

Kemp Smith, Norman. *The philosophy of David Hume: a critical study of its origins and central doctrines*, Macmillan, 1941. Reedition: with a New Introduction by Don Garrett, Palgrave Macmillan, 2005.

Lalande, André. "Finalité" in *Vocabulaire technique et critique de la philosophie*, (2 volumes, 1927). Réédition : PUF, 2006, pp.355-359

Laporte, Jean. "Le scepticisme de Hume", *Revue philosophique de philosophie et de l' étranger*, 1933, pp.61-127.

Laporte, Jean. "Le scepticisme de Hume", *Revue philosophique de philosophie et de l' étranger*, 1934, pp.161-225.

Leroy, André-Louis. "Empirisme et subjectivité, essai sur la Nature humaine selon Hume. Paris, Presses Universitaires de France, 1953, 140 x 190, 152 pages." *Revue philosophique de philosophie et de l'étranger*, 1958, pp. 393-394.

Leroy, André-Louis. *David Hume*, PUF, 1953.
Roffe Jon, "David Hume", in Graham Jones and Jon Roffe ed. *Deleuze's Philosophical Linage*, Edinburgh University Press, 2009, pp 67-86
合田正人、「ドゥルーズによるヒューム」、『ヒューム』合田正人訳、ちくま学芸文庫、二〇〇〇年、一七三——。
米虫正巳、「結果＝効果としての受動的主体」、『哲学研究年報』、関西学院大学哲学研究室、二〇一〇、四四号。
米虫正巳、「何をもって経験論と認めるか」、『哲学研究年報』、関西学院大学哲学研究室、二〇一二、四六号。
千葉雅也、『動きすぎてはいけない——ジル・ドゥルーズと生成変化の哲学』、河出書房新社、二〇一三年。

関西哲学会研究奨励賞第五回受賞者の報告

第五回関西哲学会研究奨励賞は「該当者なし」とされ、昨年度大会総会において報告されました。

平成二五年一月二六日　関西哲学会委員会決定

関西哲学会研究奨励賞規程

第一条　（設置目的）
関西哲学会は、会員のなかの若手研究者のうち、優れた業績を挙げた者に対して、その業績を顕彰し、今後の研究のさらなる発展を奨励するために、関西哲学会研究奨励賞（以下、本賞と略記）を設置する。

第二条　（対象）
本賞の受賞者は、『アルケー』に公募論文を掲載された者のうち、当該論文を投稿した年度の年度末の時点で四〇歳未満の者のなかから選定される。ただし、すでに受賞した者は除外する。

第三条　（審査機関）
編集委員会は別途定める「関西哲学会編集委員会査読審査内規」にしたがって前条に定めた論文を審査し、各年度、一名以上を本賞の受賞候補者として関西哲学会委員会に推薦することができる。

第四条　（決定機関）
関西哲学会委員会は編集委員会の推薦を受けて審議のうえ本賞の受賞者を決定する。

第五条　（顕彰）
受賞者は、総会において表彰され、副賞として三万円を授与される。

附則：本規定は平成二五年一月二六日より施行する。

〈過去の受賞者〉
第一回　鵜殿　慧　「ヒュームの信頼性主義」
第二回　川本　愛　「ストア派における「全人類の協同関係」という概念の形成——知者の国家から全人類の協同関係へ？」
第三回　南木　喜代恵　「カントにおける理性信仰の意義」
第四回　該当者なし

［執筆者一覧］
千 葉 清 史　早稲田大学教授
冨 田 恭 彦　京都大学名誉教授／同志社大学嘱託講師
田 中 一 孝　桜美林大学講師
渡 邉 浩 一　大阪経済法科大学准教授
雪 本 泰 司　大阪大学大学院人間科学研究科博士後期課程
織 田 和 明　大阪大学大学院人間科学研究科博士後期課程
君 嶋 泰 明　京都産業大学非常勤講師
佐 野 之 人　山口大学教授
得 能 想 平　大阪大学大学院人間科学研究科博士後期課程
（執筆順）

アルケー2018　関西哲学会年報No.26（通巻53号）

2018（平成30）年6月30日　初版第一刷発行

定　価：本体2000円（税別）
編輯者　関 西 哲 学 会
発行者　伊 藤 邦 武

関 西 哲 学 会
発行所　〒600－8268
京都市下京区七条通大宮東入大工町125-1
龍谷大学文学部哲学科哲学専攻

京都大学学術出版会
発 売　京都市左京区吉田近衛町69
京都大学吉田南構内（〒606-8315）
電話（075）761-6182

ISBN978-4-8140-0168-2

Printed in Japan
印刷・製本　亜細亜印刷

関西哲学会　会則（2015年10月25日改訂）

第１条　本会は関西哲学会と称する。

第２条　本会の事務局は委員会で決定され、総会で承認を受けた大学におく。

第３条　本会は会員相互の研究上の連絡をはかり、以て哲学の発達に寄与することを目的とする。

第４条　本会はこの目的を達成するため次の事業を行う。

1. 年１回の哲学大会の開催。
2. 臨時各地における哲学研究会の開催。
3. 各研究機関相互の連絡。
4. 会員の研究発表に対する種々の援助。
5. その他必要な事業。

第５条　本会は関西在住の哲学専門研究者ならびに哲学に関係ある諸学の専門研究者その他これに準ずる者を以て会員とする。入会には委員会の承認を要する。

第６条　総会は年１回定期に開き、その他必要あれば委員会の決議によって臨時に開くことができる。総会は会の活動の根本方針を決定し、また一般報告ならびに会計報告を受ける。

第７条　本会は次の役員をおく。

1. 委員
2. 編集委員
3. 会計監査

第８条　委員は全会員の互選によって約25名を選出する。選出された委員は、委員会構成の多様性を考慮して、会員の中からさらに若干名に委員を委嘱する。委員の総数は約30名とする。

第９条　委員は委員会を構成し、総会の決定に従って会の運営について協議決定する。会員の互選によって選出された委員は、委員長１名を互選する。委員長は本会を代表する。

第10条　委員の任期は１期３ヶ年とし、再任を妨げない。ただし委嘱された委員の任期は当該期とし、期を連続して委嘱することはできない。

第11条　編集委員は委員の互選によって選出する。その員数、任務、任期等については編集委員会規程によってこれを定める。

第12条　会計監査は、会員の中から総会において２名を選出する。その任期は３ヶ年とし、再任をさまたげない。会計監査は他の役員を兼ねることはできない。

第13条　会計監査は年１回会計を監査する。

第14条　委員会は事務上の必要に応じ幹事若干名を委嘱することができる。

第15条　本会の会計年度は４月１日より翌年３月31日までとする。

第16条　会員は会費として年5000円を納入する。

第17条　本会則は委員会の決議を経て変更することができる。但し総会の承認を要する。

附則

第１条　常勤職に就いていない会員については、第16条に定める会費より年1000円の減免を講ずることとする。

常勤職の定義については、大学院・大学・高等専門学校及びそれに準ずる高等研究機関の教授・准教授・専任講師・助教（任期制・特任を含む）とする（名誉教授、日本学術振興会特別研究員はこれに含まない）。